Reto Venzl

Performance Coaching

AF544404

Reto Venzl

Performance Coaching

Praxisorientierte Modelle und Tools für die Leistungsoptimierung

Trainerverlag

Impressum/Imprint (nur für Deutschland/only for Germany)
Bibliografische Information der Deutschen Nationalbibliothek: Die Deutsche Nationalbibliothek verzeichnet diese Publikation in der Deutschen Nationalbibliografie; detaillierte bibliografische Daten sind im Internet über http://dnb.d-nb.de abrufbar.
Alle in diesem Buch genannten Marken und Produktnamen unterliegen warenzeichen-, marken- oder patentrechtlichem Schutz bzw. sind Warenzeichen oder eingetragene Warenzeichen der jeweiligen Inhaber. Die Wiedergabe von Marken, Produktnamen, Gebrauchsnamen, Handelsnamen, Warenbezeichnungen u.s.w. in diesem Werk berechtigt auch ohne besondere Kennzeichnung nicht zu der Annahme, dass solche Namen im Sinne der Warenzeichen- und Markenschutzgesetzgebung als frei zu betrachten wären und daher von jedermann benutzt werden dürften.

Coverbild: www.ingimage.com

Verlag: Der Trainerverlag ist ein Imprint der
Südwestdeutscher Verlag für Hochschulschriften GmbH & Co. KG
Heinrich-Böcking-Str. 6-8, 66121 Saarbrücken, Deutschland
Telefon +49 681 37 20 271-1, Telefax +49 681 37 20 271-0
Email: info@verlag-trainer.de

Herstellung in Deutschland:
Schaltungsdienst Lange o.H.G., Berlin
Books on Demand GmbH, Norderstedt
Reha GmbH, Saarbrücken
Amazon Distribution GmbH, Leipzig
ISBN: 978-3-8417-5033-4

Imprint (only for USA, GB)
Bibliographic information published by the Deutsche Nationalbibliothek: The Deutsche Nationalbibliothek lists this publication in the Deutsche Nationalbibliografie; detailed bibliographic data are available in the Internet at http://dnb.d-nb.de.
Any brand names and product names mentioned in this book are subject to trademark, brand or patent protection and are trademarks or registered trademarks of their respective holders. The use of brand names, product names, common names, trade names, product descriptions etc. even without a particular marking in this works is in no way to be construed to mean that such names may be regarded as unrestricted in respect of trademark and brand protection legislation and could thus be used by anyone.

Cover image: www.ingimage.com

Publisher: Trainerverlag
is an imprint of the publishing house
Südwestdeutscher Verlag für Hochschulschriften GmbH & Co. KG
Heinrich-Böcking-Str. 6-8, 66121 Saarbrücken, Deutschland
Phone +49 681 37 20 271-1, Fax +49 681 37 20 271-0
Email: info@verlag-trainer.de

Printed in the U.S.A.
Printed in the U.K. by (see last page)
ISBN: 978-3-8417-5033-4

Copyright © 2012 by the author and Südwestdeutscher Verlag für Hochschulschriften GmbH & Co. KG and licensors
All rights reserved. Saarbrücken 2012

Inhaltsverzeichnis

Vorwort

Schon wieder eine neue Art Coaching? Gibt es das denn nicht schon? Befasst sich nicht jedes Coaching mit Leistung? Diese kritischen Statements von Gesprächspartnern aus dem Coaching-Umfeld (Verbände, Hochschulen, Coachs, Ausbildner) machen deutlich: Bisher ist es wohl keinem Autor gelungen, Performance Coaching als eigenständige „Form" zu etablieren. Erstaunlich wenn man denkt, dass die Wurzeln des Coachings im Sport liegen. Erstaunlich wenn man denkt, dass bekannte Coaching-Pioniere wie Sir John Whitmore stets den Schwerpunkt „Coaching for Performance" gesetzt haben. Aber nicht erstaunlich, wenn man sieht, wie uneinheitlich der Begriff Performance Coaching von verschiedenen Autoren verwendet wird (siehe Kapitel „Performance Coaching")

Ein wichtiger Grund ist wohl auch, dass viele Anbieter von Coaching-Ausbildungen auf Konzepten aus Supervision, Sozialpsychologie, Therapie und Beratung aufbauen. Die Leistungsthematik ist da nicht das am nächsten liegende Thema, auch wenn es wohl in den meisten Coaching-Schulen mehr oder weniger konkret thematisiert wird.

Ich will mit diesem Buch Performance Coaching so positionieren, wie es der Begriff aus meiner Sicht fordert: Als Coaching im Themenkreis Leistung. Als zentrale Basis dafür dienen meine Erfahrungen als Sportpsychologe im Schweizer Sport, wo ich während gut zehn Jahren u.a. auch mehrere Weltmeister und Olympiasieger betreut habe. Dieses Know-how dient seit nunmehr 15 Jahren als zentraler Baustein für meine Interventionen in der Wirtschaft, wurde dort erweitert, verfeinert und adaptiert. So entstand ein Konglomerat von Inhalten und Vorgehensweisen, welche hilfreiche Konzepte aus dem Sport mit Modellen aus der A&O-Psychologie, der Expertise-Forschung und dem Coaching verbindet.

Das vorliegende Package ist aber weder konzeptuell noch inhaltlich abgeschlossen und will es auch nicht sein. Es ist einfach thematisch fokussiert: Auf Leistung und deren Optimierung, Stabilisierung und Aufrechterhaltung. Aus meiner Sicht ist Performance Coaching so inhaltlich wieder am passenden Ort angekommen. Aber bilden Sie sich doch selbst Ihre Meinung.

Hinweis: In diesem Buch wird zugunsten der besseren Lesbarkeit immer die männliche Form verwendet. Die weibliche Form ist dabei stets mitgemeint.

1. LEISTUNG (PERFORMANCE)

1.1. Leistung – für viele ein zwiespältiges Konstrukt

Kaum jemand wird es bestreiten: Wir leben in einer Leistungsgesellschaft. Da könnte man doch meinen, dass Leistung ein positiv besetztes Thema sei. Zahlreiche Gespräche, Seminare, Coachings und Entwicklungsprojekte mit Einzelpersonen, Teams und Organisationen zeigen aber ein anderes Bild: Leistung ist bei vielen Menschen eher negativ als positiv besetzt.

Vielleicht liegt in diesem Punkt einer der grossen Unterschiede zwischen der Welt des Leistungssports und der Wirtschaft: Im Sport wird der Sinn der Leistung von den Leistungserbringern (Sportler) weit weniger kritisch hinterfragt als in der Wirtschaft. In der Arbeitswelt werden Aspekte wie Überlastung, Work-Life-Balance, Arbeitszufriedenheit und Zeitdruck konsequenter thematisiert und führen zu einer ambivalenten oder kritischen Bewertung von Leistung. Damit liegt auch bereits ein erster wichtiger Aspekt der Leistungsthematik auf dem Tisch: Die Einstellung des Einzelnen zur Leistung. Aber dazu später mehr.

1.2. Leistung in verschiedenen Lebensbereichen

Gute Leistungen zu erbringen ist heute in verschiedenen Lebensbereichen gefragt. Während eine hohe Leistungsfähigkeit in früheren Jahrhunderten notwendig war um zu überleben, ist die heutige westliche Gesellschaft von einem generalisierten Leistungsanspruch geprägt. Eltern wollen Super-Eltern sein, in der Partnerschaft sind die Ansprüche vielfältig und hoch gesteckt, selbst im sexuellen Bereich stehen viele Menschen heute unter Leistungsdruck. Doch auch die Kinder sind bereits betroffen, denn in der Schule wird immer mehr verlangt. Das von vielen Zeitgenossen kritisierte Motto „höher, schneller, weiter“ scheint vom Sport auf die Welt im Allgemeinen übergeschwappt zu sein. Überall wird optimiert oder maximiert – und das nicht nur von Leistungsfanatikern oder rücksichtslosen Antreibern.

Es würde den Rahmen dieses Buches sprengen, auch die persönlichen, privaten Leistungsansprüche zu berücksichtigen, auch wenn diese bei der Entstehung von Leistungskrisen (z.B. Burnout) wohl eine zentrale Rolle spielen. Ich fokussiere in diesem Buch auf „allgemeingültige“ Leistungskonzepte, auf die berufliche Performance und – zur Herausarbeitung zentraler Erkenntnisse – auf die Bezüge zur Welt des Leistungssports. Ich bin sicher, auch so ist der thematische Rahmen noch weit genug gespannt.

1.3. Leistung in verschiedenen Lebensphasen

Im Sport werden die meisten Top-Resultate zwischen dem 20. und dem 30. Lebensjahr erbracht. Natürlich gibt es Sportarten, in welchen jüngere Athleten bereits auf dem sportlichen Zenit sein können (z.B. Frauen-Kunstturnen) und solche, in welchen ein leicht höheres Alter durchaus kein Nachteil sein muss (z.B. Golf). Generell lässt sich aber behaupten, dass der Mensch seine höchste sportliche Leistungsfähigkeit in seinem dritten Lebensjahrzehnt erreicht. Verstärkt wird dieser Effekt noch dadurch, dass im Hochleistungssport Verletzungen (die sich trotz aller Anstrengungen nie ganz verhindern lassen), die langfristige Leistungserbringung unterbrechen, behindern und im Extremfall auch verhindern können. Die Wahrscheinlichkeit, dass die starke Beanspruchung des Körpers im Laufe der Jahre auch zu Verletzungen und Rückschlägen führt, wächst mit der Dauer der Karriere. Irgendwann ist dann der Zeitpunkt für den Rücktritt gekommen, denn wer Leistungssport betreibt, will leistungsmässig mithalten können.

Zum Glück basiert die berufliche Performance nicht ganz gleich stark auf der biologischen Leistungsfähigkeit, sonst wäre die Business-Welt noch härter. Es lässt sich aber nicht wegdiskutieren, dass die körperliche Leistungsfähigkeit auch in der Berufswelt eine Rolle spielt. Dies gilt insbesondere für die Berufstätigen über 50, die nicht nur teurer sind (Löhne und Rentenbeiträge), sondern denen auch eine geringere Flexibilität und Leistungsfähigkeit zugeschrieben wird. Dass die Kombination „weniger Leistung – höhere Kosten" für den Arbeitgeber nicht attraktiv ist, liegt auf der Hand. Aber wie in vielen Bereichen gilt: Die Leistungskurve in verschiedenen Lebensphasen ist beeinflussbar. So zeigen verschiedene breit angelegte Studien auf, dass z.B. der Alterseinfluss bei Marathonläufern sehr gering ist. Ob wir unseren Körper im Alltag im positiven Sinn belasten (Beruf, Haushalt, Freizeit), ist mindestens so zentral wie das Alter. Dieses Prinzip kann durchaus auch auf andere Aspekte übertragen werden. Die Fähigkeit, Top-Leistungen zu erbringen wird so zu einem Gut, welches entwickelt, kultiviert, gefördert und während vielen Jahrzehnten auf hohem Niveau gehalten werden kann. Diese Perspektive macht dieses Buch nicht nur für junge Leistungsfreaks interessant, sondern für die breite Masse an Menschen, welche tagtäglich ihre Leistung erbringen und mit dem ständigen Zyklus der Weiterentwicklung konfrontiert sind. Wir alle können unsere Leistungsfähigkeit steigern, egal ob wir 20, 40 oder 60 Jahre alt sind. Und wir sollten es auch tun, wenn wir auf dem Businessmarkt interessant bleiben wollen.

1.4. Leistung messen

Eine der Schwierigkeiten der beruflichen Performance, die es in der Sportwelt nicht gibt, ist die Problematik der Leistungsmessung. Während im Sport die Zeiten, Höhen, Weiten und Ranglisten auf einfache Art und Weise Aufschluss über die erbrachte Leistung geben, ist diese im Wirtschaftsalltag nicht immer so leicht zu erfassen. Klar, auch hier gibt es „hard facts", wie Umsatz- oder Gewinnentwicklung, auf die man stützen kann. Aber das ist nicht alles. Lassen Sie uns anhand einiger Beispiele einen vertieften Einblick in die Leistungsmessung in der Wirtschaft erhalten:

- *Shops mit Beratung* (z.B. Handy-Shop):
  Wenn Sie am Eingang am Automaten eine Nummer ziehen, kann auch gemessen werden, wie lange sich ein Mitarbeiter im Durchschnitt mit den Kunden beschäftigt. Wer im Vergleich zum Teamdurchschnitt oder zum angestrebten Zeitlimit zu stark abweicht, muss mit einem Gespräch mit dem Vorgesetzten rechnen.
- *Aussendienst*:
  Die Leistung lässt sich nicht nur an der Verkaufssumme (erzielter Umsatz) messen, sondern z.B. auch an der Anzahl der telefonischen Kontakte oder versandter Offerten. Diese bilden die Grundlage für den zu erwartenden „Return on Investment".
- *Kundendienst*:
  Die Leistung eines Kundendiensts lässt sich z.B. an der Menge der Reklamationen messen. Auch die in vielen Unternehmen genutzten Umfragen zur Kundenzufriedenheit bieten einen guten Indikator zur erbrachten Leistung der Mitarbeitenden.

All diese Arten der Leistungsmessung können nützlich sein, haben aber auch ihre Schwächen und sind deshalb vor einer Anwendung gut zu evaluieren. Insbesondere ist aber eine differenzierte Interpretation der Ergebnisse notwendig, denn situative (z.B. personelle Engpässe wegen Unfällen/Krankheiten) oder zeitliche Faktoren (z.B. Kundenaufkommen zu bestimmten Tageszeiten) können das Resultat massiv beeinflussen. Ich bin zwar überzeugt, dass es wichtig und sinnvoll ist, Leistungen zu messen, doch habe ich den Eindruck, dass die erhobenen Daten oft zu sehr auch darum ausgewählt wurden, weil sie sich gut erfassen (messen) lassen. Aber nur, wenn die gemessenen Daten die zentralen Parameter im Leistungserbringungsprozess abdecken, zeigt Leistungsmessung die gewünschte Wirkung.

1.5. Leistungsbeurteilung

Leistungen zu messen ist die eine, diese Leistungen auch zu bewerten/beurteilen ist eine ganz andere Sache. Dies ist für mich eines der Themen wo deutlich wird, dass die so genannten „hard facts" (meist in Zahlen ausgedrückte Messergebnisse) nur so gut sind wie die durch den Verantwortlichen vorgenommenen Beurteilung (durch die Person beeinflusst, also ein „soft fact"). Eine zu 100% objektive Beurteilung gibt es nicht, denn wir treffen unsere Bewertungen stets aus einem persönlichen Bezugsrahmen und Wertesystem heraus. Wenn wir Leistungen aber gut bewerten wollen, dann ist zumindest eine möglichst objektivierte Beurteilung wünschenswert, denn nur so machen wir wirklich eine Aussage zur erbrachten Leistung – und nicht nur zu unserem Bezugsrahmen.

In der Wirtschaftswelt gibt es u.a. zwei Beurteilungs-Instrumente, welche Wert auf eine möglichst hohe Objektivität bei der Beurteilungsqualität legen: Das Assessment Center (AC) und das Audit. Während im AC die Person und ihre Verhaltensweisen, Kompetenzen und Persönlichkeit im Zentrum stehen (um herauszufinden, inwiefern diese die Anforderungen für eine Arbeitsstelle erfüllt), so steht beim Audit eher die beobachtete Qualität von Prozessen im Zentrum. Beide Methoden legen gleichermassen Wert auf die Schulung der involvierten Spezialisten (Assessoren/Auditoren) und auf eine möglichst neutrale und präzise Bewertung. Dazu wird z.B. in grösseren AC-Projekten mit den involvierten Assessoren im Voraus ganz genau definiert, welches Verhalten zu welcher Bewertung führt. Bei gut trainierten, erfahrenen Assessoren ist die Abweichung in der Bewertung auch dann nur noch minimal, wenn sie das Verhalten einer Person vollkommen unabhängig voneinander vornehmen.

Dass ungeschulte Personen abhängig von ihrem Wertsystem und ihren Erwartungen ein Angebot vollkommen unterschiedlich bewerten, sieht man z.B. auf den immer intensiver genutzten Hotelbeurteilungs-Portalen im Internet. Da kann die Bewertung eines Hotels trotz gleichzeitigem Aufenthalt schon mal zwischen schwach und hervorragend schwanken. Dabei spielen natürlich die individuellen Bedürfnisse eine zentrale Rolle (z.B. sucht jemand Ruhe oder Unterhaltung) und sorgen für eine entsprechend gefärbte Beurteilung der in Anspruch genommenen Leistungen. Daraus lässt sich ableiten, dass für eine nutzbringende Leistungsbeurteilung stets gut trainierte Fachleute vonnöten sind.

2. LEISTUNGSDEFINITIONEN UND -MODELLE

2.1. Annäherung an den Begriff Leistung

Leistung ist zwar ein Begriff, den jeder in seiner Grundaussage versteht. Relativ selten aber wird auch mit konkreten Konzepten und Modellen gearbeitet. Ist das nicht interessant bei einem Thema, das den Alltag so beeinflusst wie nur wenige andere? Auffällig ist auch, dass es nur wenige nützliche „Formeln" und Definitionen für Leistung gibt – ich stelle diese an den Anfang dieses Kapitels. Im Anschluss daran steht der Arbeitsalltag im Zentrum: Welche Faktoren stehen mit Leistung im Zusammenhang und welche Schlüsse kann ich für die Arbeit als Performance Coach daraus ziehen?

2.1.1. Physikalische Leistung

Das wohl bekannteste Leistungsgesetz ist ein physikalisches – nicht gerade die klassische Domäne von Business-Coachs. Diese Formel ist aber einfach zu verstehen – und macht auch im Performance Coaching-Kontext durchaus Sinn:

$$\text{Leistung} = \frac{\text{Arbeit}}{\text{Zeit}}$$

Die Leistung ist also der Quotient aus verrichteter Arbeit (oder der dafür aufgewendeten Energie) und der dazu benötigten Zeit. Vertiefte physikalische Kenntnisse sind glücklicherweise nicht vonnöten, um die Aussage hinter der Formel zu verstehen. Sie lässt sich in knappen Worten so formulieren:

- Wer in einer bestimmten Zeit mehr Arbeit verrichtet, erbringt eine höhere Leistung als jemand, dessen Output in der gleichen Zeit geringer ist.

- Wer die gleiche Arbeit in kürzerer Zeit verrichtet, erbringt eine größere Leistung.

Für das Thema Performance Coaching durchaus ergiebig ist aber auch der zweite Aspekt, welcher besagt, dass es gleichermassen um die aufgewendete Energie geht. Dies lässt sich nicht nur physikalisch (z.B. Strombedarf), sondern auch psycho- und physiologisch durchaus nutzen:

- Wer ein bestimmtes Ergebnis in einer bestimmten Zeit mit weniger (Energie-) Aufwand erreicht, erbringt die bessere Leistung.

Dies lässt sich z.B. im Sport daran festmachen, dass wir einem Leichtathleten, welcher die 100 Meter mit scheinbar spielerischer Leichtigkeit durchsprintet eine noch höhere Performance zuschreiben als dem gleich schnellen Athleten, bei dem die Leistungserbringung mit mehr Anstrengung verbunden zu sein scheint. Im Hintergrund steht dabei wohl die Annahme, dass der erste Läufer noch Leistungsreserven hat, dass er also nicht an seine Grenzen gehen muss.

Die klassische physikalische Leistungsformel ist eine ganz nützliche Basis im Performance Coaching, auch wenn dies vielleicht banal erscheinen mag. Ich mache immer wieder die Erfahrung, dass die Formel zwar vielen Menschen bekannt ist, die Implikation auf das eigene Leben aber kaum je reflektiert wurde.

Formeln für bessere Leistungen

☐ Mehr Arbeit pro Zeiteinheit erledigen.

☐ Weniger Zeit für gleiche Leistung aufwenden.

☐ Weniger Energieaufwand für gleiche Leistung aufwenden.

2.1.2. Körperliche Leistung

Was körperliche Leistung ist, lässt sich kaum in zwei, drei Sätzen sagen. Trotzdem will ich den Versuch wagen, eine vereinfachte Definition zu nutzen. Für Trainingswissenschaftler ist körperliche Leistung die Summe der Kapazität des aeroben und anaeroben Systems und bezeichnet die muskuläre Leistung, welche zur Durchführung von Arbeiten bereitgestellt werden kann. Für unsere Thematik hat dies zwei zentrale Implikationen: Es geht um

- Energiebereitstellung.
- Die Leistung des Gesamtsystems.

Diese zwei Faktoren können wir gut auch auf nicht leistungssportliche Leistungen übertragen, denn wir müssen sowohl im privaten als auch im beruflichen Bereich Leistungen erbringen. Der Körper muss die dafür benötigte Energie bereitstellen. Dabei geht es nicht um die Leistungsfähigkeit einzelner Muskeln, sondern um das Gesamtsystem. Der Körper und seine Energieproduktion sind also Faktoren, die wir nicht vernachlässigen sollten, wenn wir nach Höchstleistungen streben, auch in einem anderen Berufsfeld.

Formeln für bessere Leistungen

☐ Dem Körper die Energiebereitstellung ermöglichen.

☐ Immer das Gesamtsystem betrachten.

2.1.3. Sportliche Leistung

Auch im Hochleistungssport entscheiden nicht nur die rein physiologische Leistungsfähigkeit über Erfolg und Misserfolg. Zwar sind die körperlichen Voraussetzungen (K) in den allermeisten Sportarten das A und O – aber nur, wer auch im technisch-taktischen (TT), mentalen (M), umfeldbezogenen (U) und materialtechnischen (Mat) Bereich die nötigen Voraussetzungen mitbringt, wird eine Top-leistung erbringen können. Ich habe dies in meiner Zeit als sportpsychologischer Ausbildner einmal in einem einfachen Modell zusammengefasst:

Sportliche Leistung = K + TT + M + U + Mat

Sicher ist die Gewichtung der verschiedenen Faktoren in verschiedenen Sportarten unterschiedlich. Im direkten Vergleich zweier Konkurrenten dürfte aber derjenige gewinnen, bei welchem das „Gesamtresultat" höher ist. Um das zu dokumentieren kann man z.B. jedem der fünf Faktoren 100 Punkte zuteilen. Der Wert 100 würde dann vergeben, wenn sich die jeweiligen Fähigkeiten auf dem Niveau des in diesem Faktor weltbesten Athleten befinden. Wer überall der Beste wäre, würde so also 500 Punkte erreichen. Gerade im Breitensport dürfte aber der Normalfall sein, dass ein Athlet vielleicht in drei Bereichen gut (z.B. je 80 Punkte) und in je einem Bereich durchschnittlich (50 Punkte) und schwach abschneidet (20 Punkte), was zu einem Gesamtresultat von 310 Punkten führt. Ein Athlet, welcher in allen Bereichen recht gute Fähigkeiten mitbringt (je 65 Punkte), würde mit dieser ausgeglichenen Konstellation also 325 Punkte zustande bringen – und den direkten Vergleich gewinnen. Zentral in diesem Modell ist, dass es nicht reicht, ein paar Stärken zu haben, wenn auf der anderen Seite deutliche Schwächen zu Buche stehen. Diese werden als limitierende Faktoren wirksam und bestimmend sein. Der häufig gehörte Slogan „Stärken stärken" ist deshalb kritisch zu hinterfragen, wenn die Bearbeitung der Schwächen aussen vor bleibt.

Vielleicht lässt sich das Mehrfaktorenkonzept – ganz ohne wissenschaftlichen Anspruch – auch auf die Arbeitswelt übertragen. Wer Technik/Taktik durch den Begriff „Fachkompetenz" ersetzt, hat ein ganz einfaches Modell gefunden um einige wichtige Leistungsfaktoren in kompakter Form zu beschreiben.

Formeln für bessere Leistungen

- ☐ Alle relevanten Faktoren mit einbeziehen.
- ☐ Die Schwächen (limitierende Faktoren) abbauen.

2.1.4. Arbeitsleistung

Wer den Begriff Arbeitsleistung googelt, findet in etwa die folgende Umschreibung: Eine optimale Arbeitsleistung erbringt jemand, der ein gewisses Ziel mit geringer Anstrengung und geringem Einsatz von Mitteln in kurzer Zeit und mit qualitativ guten Resultaten erreicht. Die Formel wirkt auf den ersten Blick einfach, sagt aber doch viel über die gesteckten Erwartungen im Leistungsbereich aus. Dies wird deutlich, wenn die einzelnen Faktoren und ihre Relevanz für den Business-Erfolg betrachtet werden:

- *Die Erreichung der gesteckten Ziele:*
  Extern: z.B. Kundenaufträge erfüllen.
  Intern: z.B. gute Bewertung im MbO-Gespräch.

- *Der geringe Mitteleinsatz:*
  Extern: z.B. Produkte sind international konkurrenzfähig.
  Intern: z.B. kostengünstige Produktion.

- *Die kurze Zeitdauer:*
  Extern: z.B. Kunden warten nicht gern.
  Intern: z.B. optimale Abläufe.

- *Die guten Resultate:*
  Extern: z.B. Kundenzufriedenheit und -treue.
  Intern: z.B. Lohnerhöhung und Jobsicherheit.

Der Aspekt der geringen Anstrengung wird hingegen in der Geschäftswelt eher kritisch gesehen. Wenn der Eindruck entsteht, dass eine Einzelperson oder eine Gruppe die gesteckten Ziele mit Leichtigkeit erreicht, dann werden entweder höhere Ziele formuliert, der Zeitdruck erhöht oder die personellen Ressourcen verkleinert, um diese Personengruppe „besser auszulasten". Dass dieses Vorgehen durchaus auch kritisch zu sehen ist, werden wir im Kapitel „Leistung und Anstrengung" noch genauer beleuchten.

Die vier anderen Faktoren können hingegen ohne grossen Widerspruch als nützlich für die Reflexion und Diskussion von Arbeitsleistung betrachtet werden. Sicher ist die Messung und Beurteilung nicht immer einfach und die Versuchung gross, den Faktor Zeit deshalb zu stark zu gewichten. Auch sorgt der Punkt „geringer Mitteleinsatz“ dann für rote Köpfe, wenn der Einsatz an Personen gemeint ist, führt er doch dazu, dass die gleiche Arbeit von weniger Personen erledigt werden muss. Dass diese in dieser neuen Konstellation aber eine höhere Leistung erbringen müssen, ist wohl unbestritten.

Formeln für bessere Leistungen

- ☐ Den Material- und Personalaufwand minimieren (der klassische Weg, wenn es um Optimierung geht).
- ☐ In möglichst kurzer Zeit erledigen, was zu tun ist.
- ☐ Leichtigkeit anstreben.

2.1.5. Zusammenfassung

Es gibt verschiedene Formeln zum Thema Leistung. Sie geben einen ersten Einblick in Themen, die wir zwar aus dem Alltag kennen, aber kaum je „formelbasiert“ nutzen. Dabei lassen sich z.B. aus der Formel für Arbeitsleistung gut nachvollziehbare Rückschlüsse ziehen. Zum Teil braucht es aber ein gewisses Zusatzwissen, um die Inhalte auch vollständig zu verstehen. Das nächste Kapitel dient deshalb dazu, in knapper Form relevantes Wissen zusammenzufassen.

2.2. Nützliche Leistungsmodelle

2.2.1. Leistungsbereitschaft

Das Konzept der Leistungsbereitschaft wird ausserhalb des physiologischen und trainingswissenschaftlichen Feldes vor allem in einem (sport-)psychologischen Kontext verwendet. In Abgrenzung zur Leistungsfähigkeit (das, wozu ich eigentlich fähig wäre) sagt die Leistungsbereitschaft aus, zu welcher Energiemobilisation ich situativ bereit bin. Dafür spielen körperliche und mentale Parameter eine Rolle:

- *Physiologie:*
  Ist mein Körper bereit, das vorhandene Potenzial jetzt abzurufen?
- *Psychologie:*
  Bin ich innerlich (Motivation) bereit, jetzt mein Bestes zu geben?

Nur wer beide Fragen mit einem „Ja“ beantworten kann, wird in einer spezifischen Situation eine Top-Leistung erbringen können.

Neben dieser situativen Leistungsbereitschaft kann auch eine bei verschiedenen Menschen unterschiedlich stark ausgeprägte „generelle“ Leistungsbereitschaft postuliert werden. Diese wird im Kapitel „Leistung und Motivation“ weiter ausgeführt.

Formeln für bessere Leistungen

- ☐ Den Körper optimal auf die Leistungserbringung vorbereiten („Ich bin zu 100% bereit“).
- ☐ Den Kopf so vorbereiten, dass das Erbringen einer Topleistung möglich ist („Ich will es, jetzt!“).

2.2.2. Leistung und Anpassung

Die Biologie lehrt uns: Der Körper ist ein Anpassungssystem. Wird er gefordert, wird er stärker, wird er nicht gefordert, lässt seine Leistungsfähigkeit nach. Medizinische Untersuchungen zeigen, dass der Körper pro Tag gut 1% an Muskelmasse verliert, wenn die Muskulatur nicht gebraucht wird (z.B. Spitalaufenthalt).

Daraus lässt sich ableiten, dass der Körper immer wieder gefordert werden muss. Die Schwierigkeit liegt darin, das richtige Mass zwischen Überforderung, Forderung und Unterforderung zu finden – im wahrsten Sinne des Wortes eine Gratwanderung. Kompliziert wird diese Herausforderung dadurch, dass dabei verschiedene konditionelle Faktoren zu berücksichtigen sind: Kraft, Ausdauer und Beweglichkeit. Institutionen wie das Bundesamt für Gesundheit empfehlen deshalb, wöchentlich drei Mal Ausdauer und zwei Mal Kraft zu trainieren. In Kombination mit einem an das Training anschliessenden Stretching wäre dann auch der Förderung der Beweglichkeit Genüge getan. Der bestmögliche Erhalt der körperlichen Leistungsfähigkeit kann so unterstützt werden.

Aber lässt sich mehr aus diesem Prinzip ableiten? Ja, wenn wir das Anpassungs-Prinzip mit dem Modell der Komfortzone verbinden. Mit diesem Begriff wird vereinfacht der Zustand umschrieben, in dem sich jemand wohl, relaxed und zufrieden fühlt. Das klingt schön und angenehm, doch das Leben in der Komfortzone führt nicht zu Wachstum, ist eher mit Stillstand verbunden (und wie der Volksmund sagt, ist Stillstand Rückschritt). Daraus ergibt sich die logische Folge, dass man sich immer wieder ausserhalb der Komfortzone bewegen muss, um sich leistungsmässig weiter zu entwickeln. Sich selbst fordern, Schwierigkeiten anpacken, sich überwinden und durchbeissen – das sind Schritte vorwärts. „Was mich nicht umbringt, macht mich stärker“ hört man oft im Sport. Oder anders gesagt: Wir wachsen an den Herausforderungen.

Formeln für bessere Leistungen

- ☐ Nur wer sich regelmäßig fordert, kann seine Leistungsfähigkeit weiter entwickeln und erhalten.
- ☐ Entscheidend ist jedoch, das richtige Mass zwischen Überforderung, Forderung und Unterforderung zu finden.
- ☐ Die Komfortzone immer wieder verlassen und sich auf neue Herausforderungen einlassen.

2.2.3. Leistung und Rhythmus

Dass wir nicht den ganzen Tag über gleich leistungsfähig sind, erleben die meisten Menschen täglich. Wer während einigen Tagen die subjektive Leistungsfähigkeit beobachtet und stündlich bewertet wird mit grosser Wahrscheinlichkeit erkennen, dass es gewisse Rhythmen gibt, nach welchen die individuelle Performance schwankt. Grundsätzlich lassen sich zwei relevante Hauptfaktoren beschreiben: Die Unterscheidung zwischen Morgen- und Abendtypen und von Hochs und Tiefs im Tagesverlauf.

Dass es Frühaufsteher (Lerchen) und Abendmenschen (Eulen) gibt, haben wir alle schon beobachtet. Die einen steigen morgens um sechs frisch und munter aus dem Bett, die andern kommen erst gegen zehn langsam in die Gänge. Dafür sind die einen abends nach neun „nicht mehr zu gebrauchen", während die andern dann erst richtig in Fahrt kommen. Leider richtet sich der Arbeitsalltag aber nicht nach diesen Rhythmen. Doch egal, ob ich eine Lerche oder eine Eule bin, die Standardarbeitszeit liegt für die meisten Personen zwischen 8 und 18 Uhr. Dies geht jedoch teils auf Kosten der Performance, denn die körperliche Leistungsbereitschaft ist ganz einfach nicht auf dem besten Stand. Dazu kommt, dass wer deutlich ausserhalb seiner idealen Leistungsphase Leistung erbringen muss, dafür viel mehr Energie braucht. Bezugnehmend auf die physikalische Formel für Leistung (Faktor Energieaufwand) sind das keine guten Voraussetzungen für langfristige Top-Leistungen, denn der hohe Aufwand wird irgendwann seinen Tribut fordern.

Doch selbst dann, wenn wir die ideale Zeit des Eulen- oder Lerchentages nutzen, ist unsere Leistungsfähigkeit nicht konstant. Sie schwankt zwischen Hoch und Tief, kennt auf- und absteigende Perioden. Die meisten Menschen sind morgens und nachmittags während ungefähr 1,5 Stunden hoch leistungsfähig. Diese Zeiten sollten optimal genutzt werden, dem Schutz vor Störungen kommt hohe Bedeutung zu. Aufgaben zweiter oder dritter Priorität gehören nicht in Hochleistungsphasen – hier sollte „Grosses“ geleistet werden. Viele aktive Rhythmuskenner machen sich dieses Prinzip zu nutzen und leisten in den Hochs in kürzest möglicher Zeit ein Optimum (siehe Formel „Arbeitsleistung“). Die Kehrseite der Medaille ist aber, dass es nicht nur die Hochs zu nutzen gilt, sondern dass auch die nachfolgenden Tiefs akzeptiert, ja sogar genutzt werden sollten. Sie dienen u.a. der Regeneration und Entspannung.

Formeln für bessere Leistungen

- ☐ Passen Sie Ihre Arbeitszeit bestmöglich an Ihren inneren Rhythmus an.
- ☐ Nutzen Sie die Hochs optimal – und „gönnen Sie sich“ das anschließende Tief für die Regeneration.

2.2.4. Leistung und Erholung

Das letzte Kapitel impliziert bereits, dass es nach Phasen der (Hoch-) Leistung auch solche der Regeneration braucht. Darunter kann man vor allem drei Teilelemente verstehen: Abschalten, Entspannung und Erholung.

Das Element Abschalten – oder sollte es nicht besser Umschalten (von Arbeits- auf Freizeitmodus) heissen? – beinhaltet in erster Linie die mentale Komponente. Dies kann bedeuten, dass wir nach der Arbeit die Arbeit wirklich hinter uns lassen und uns auch gedanklich ganz der privaten Welt widmen können. Abschalten kann auf vielen Zeitebenen eine wichtige Sache sein:

- S: Nach schwierigen/unangenehmen/belastenden Situationen.
- M: In der Kaffee- oder Mittagspause.
- L: Am Abend zu Hause.
- XL: Am Wochenende.
- XXL: Im Urlaub.

Für viele Menschen ist es insbesondere in hektischen Phasen kaum mehr möglich, den Kopf frei zu bekommen und wirklich ganz im Hier und Jetzt zu sein. Die Gedanken scheinen autonom zu sein, schwirren im Kopf herum – auch in der Freizeit. Umschalten heisst also, dass ich die Arbeitsthemen auch wirklich im Büro lassen kann und ganz in der Freizeit bin.

Entspannung muss nicht unbedingt heissen, dass Sie irgendwelche Übungen machen, um sich/ihren Körper in einen relaxteren Zustand zu befördern. Entspannung kann zwar darin bestehen, dass man bewusst eine Spannungs-Reduktion anstrebt, sei dies nun mit Hilfe von eher körperlichen (z.B. Yoga, Tai Chi) oder mehr mentalen Techniken (z.B. Meditation, Autogenes Training), sie kann aber auch über ein aktives Herauslassen/-arbeiten der übermässigen Spannung erfolgen. Viele Menschen fühlen sich erst nach einer kurzen sportlichen Tätigkeit (z.B. Aerobic, Kampfsport, Fitness) entspannt. Sie bringen die ganze vorhandene Spannung in die Übungen ein, bauen so die Verkrampfungen ab. Auch eine leichte sportliche Tätigkeit (z.B. Walking, Schwimmen) kann nützlich sein. Ganz egal, ob die Entspannung eher aktiv oder passiv ist: Wer langfristig leistungsfähig bleiben will, muss der Spannung auch die Entspannung folgen lassen.

Tiefgreifende Erholung ist aus physiologischer Sicht nur durch genügend Schlaf zu erreichen. Banal, nicht? Und doch gönnen sich viele Menschen die nötige Erholungszeit nicht. Dabei geht es nicht rein um die Zeit zwischen ins Bett gehen und Aufstehen, es geht um genügend Schlaf und um „guten Schlaf". Untersuchungen zeigen, das kreative Spitzenleister mehr schlafen als weniger kreative. Dass Athleten in der Vorwettkampfphase besonders viel Wert auf Erholung legen, dürfte auch weit herum bekannt sein. Es gibt sogar gut dokumentierte Beispiele die aufzeigen, dass eine besonders ausgeprägte Erholungsphase zu absoluten Bestleistungen führt, ein Punkt, der in Sport, Wirtschaft, Schule und Alltag gern übersehen wird. Doch neben dem quantitativen ist auch der qualitative Aspekt bedeutungsvoll: Wer bis kurz vor dem zu Bett gehen am PC arbeitet, der wird kaum einen freien Kopf haben und deshalb nicht so rasch in einen tiefen, erholsamen Schlaf sinken. Mit grosser Wahrscheinlichkeit wird er zudem nach einigen Stunden aufwachen und die noch nicht gelösten Probleme anpacken wollen resp. müssen. Wünschenswerter wäre eine Schlafkultur, die der notwendigen Erholung jeden Tag das nötige Gewicht einräumt.

Klar ist: Das Package Abschalten/Umschalten – Entspannung – Erholung wirkt sich auf die Performance am nächsten Tag aus. Nur wer ausgeschlafen ist, ist voll da. Nur wer die Spannung aus dem Körper „gearbeitet" hat, verfügt wieder über ideale körperliche und mentale Leistungs-Voraussetzungen. Und nur wer wirklich abschalten konnte, ist nun auch im Kopf wieder bereit für die nächste Etappe.

Formeln für bessere Leistungen

- ☐ Genügend schlafen – nicht nur am Wochenende.
- ☐ Die letzten 1-2 Stunden vor dem zu Bett gehen sind arbeitsfrei.
- ☐ Regelmäßig auftanken (Alltag/Abend/Weekend/Urlaub).
- ☐ Ein Abschalt-/Umschaltritual kreieren.

2.2.5. Leistung und Einstellung

Dass Einstellungen unser Leben beeinflussen, erfahren wir alle jeden Tag x-mal. Sie sind eine Art Dauerauftrag, mit welchem unser Unterbewusstsein uns immer auf gleiche Weise auf Personen und Situationen reagieren lässt. Die Reaktion kann positiv oder negativ sein und beinhaltet Elemente wie Wahrnehmung, Bewertung, Gefühl und Handlungsmuster.

Es liegt auf der Hand, dass Einstellungen auch unsere Leistungen beeinflussen. Im Abschnitt „Leistungsfähigkeit – ein ambivalentes Konstrukt" habe ich angedeutet, dass die Einstellung vieler Menschen zur Leistung ambivalent ist. Betrachten wir deshalb mal genauer, wie sich eine negative oder positive Einstellung zur Leistung auf den verschiedenen Ebenen auswirkt.

	Wahr-nehmung	**Bewertung**	**Gefühl**	**Handlungs-muster**
Positive Einstellung zur Leistung	Heraus-fordernde Situation	Toll, ich kann eine Leistung erbringen	Spass, positive Erwartung, Freude auf Erfolg	Anpacken, dranbleiben
Negative Einstellung zur Leistung	Schwierige Situation	Mist, wieder so eine heikle Aufgabe	Stress und Ärger	Aufschieben, dann wider-willig loslegen

Ein paar interessante Ansatzpunkte bezüglich Einstellung und Leistung liefert ein psychologisches Testverfahren. Mit dem Testinstrument AVEM werden verschiedene arbeitsbezogene Verhaltens- und Erlebensmuster untersucht, darunter auch einige Punkte, die gut unter Einstellungen subsummiert werden können (siehe auch „Psychologische Tests“):

- *Bedeutsamkeit der Arbeit:*
  Wie wichtig ist die Arbeit in meinem Leben?
- *Beruflicher Ehrgeiz:*
  Wie viel will ich erreichen, wo setze ich meine Grenzen?
- *Perfektionsstreben:*
  Lasse ich auch mal Fünfe gerade sein, oder gibt es immer und überall nur 100%?
- *Verausgabungsbereitschaft:*
  Bin ich bereit alles zu geben oder achte ich darauf, immer etwas Reserven zu haben?

Natürlich kann man darüber diskutieren, ob diese vier Begrifflichkeiten Einstellungen, Persönlichkeits-Eigenschaften oder Verhaltens-Tendenzen sind. Ich möchte diese Diskussion hier nicht führen, sondern festhalten, dass unsere innere Disposition und Haltung der Leistung gegenüber einen ganz direkten Einfluss auf unser Leben und unsere Performance hat. Und weil dies immer dann geschieht, wenn Leistung gefordert oder thematisiert wird, ist dies eine zentrale Komponente für eine gute Performance.

Formeln für bessere Leistungen

- ☐ Eine positive Einstellung zur Leistung finden (ohne Wenn und Aber).
- ☐ Nur wer mit Herzblut dabei ist, kann Spitze sein.
- ☐ Eine gute Portion Ehrgeiz und hohe Qualitätsansprüche sind zentrale Erfolgsfaktoren.
- ☐ Und als Grundhaltung gehört die Bereitschaft dazu, längerfristig das Nötige für den Erfolg zu investieren.

2.2.6. Leistung und Ziel

Die Verknüpfung von Leistung und Ziel ist das in der Wirtschaft wohl am konsequentesten genutzte Leistungsprinzip. Management by Objectives (MbO) hat sich als Steuerungsinstrument in fast jedem Unternehmen durchgesetzt. Wenn ich aber in meinem Beratungsalltag erlebe, wie viel Reibungsverlust bei der Zielformulierung entsteht, wie unkonkret und teils zufällig die Ziele formuliert werden, dann frage ich mich schon: Ist MbO wirklich so leistungsfördernd?

Es gibt zwei Aspekte, die dafür sprechen:

1. Motivation ist immer auf ein Ziel ausgerichtet – und Motivation ist eine zentrale Voraussetzung für gute Leistungen.
2. Für Spitzenleister ist typisch, dass sie sich hohe langfristige Ziele setzen.

Sich hohe Ziele zu setzen, kann also als ein leistungsförderndes Prinzip betrachtet werden. Diese Sicht wird durch motivationspsychologische Untersuchungen gestützt welche aufzeigen, dass Ziele besonders motivierend wirken, wenn sie herausfordernd, spezifisch und bindend sind. Dies alles setzt aber voraus, dass es sich um Ziele der jeweiligen Person handelt. Von aussen aufgepfropfte Ziele sind demgegenüber weit weniger wirksam. Sie setzen oft äusseren Druck auf und lassen damit negative Energie entstehen. Jedes klassische MbO-Instrument beinhaltet aber als systemtypisches Merkmal, dass übergeordnete Unternehmensziele (z.B. Wachstum von 5%) auf die einzelnen Bereiche, Abteilungen, Teams und schlussendlich Einzelpersonen herunter gebrochen werden. Diese äusseren Ziele zu internalisieren, sie quasi zu eigenen Zielen werden zu lassen ist mehr als „nice to have", wenn wir im Businessalltag gut performen wollen. Der Alltag zeigt aber, dass die Realisierung nicht ganz so einfach ist.

Formeln für bessere Leistungen

- ☐ Von aussen definierte Ziele „internalisieren".
- ☐ Sich selbst hohe langfristige Ziele setzen.
- ☐ Die Ziele spezifisch und verbindlich formulieren.

2.2.7. Leistung und Motivation

Die Motivation, unser innerer Antrieb, spielt selbstredend eine entscheidende Rolle für die Erbringung von Topleistungen. Wieso sollten wir in eine Tätigkeit viel Zeit und Energie investieren, wenn wir es nicht wollen?

Der Zusammenhang zwischen Motivation und Leistung lässt sich aber weit differenzierter angehen. Das Leistungsmotivations-Inventar LMI bietet dafür eine hervorragende Informationsbasis, welche verschiedene aktuelle Motivationstheorien berücksichtigt und mit anderen businessrelevanten Faktoren kombiniert. Ich will in diesem Kapitel nur drei Einzelfaktoren dieses Tests herausgreifen, die in unserem Kontext besonders spannend sind (weitere Informationen siehe auch „LMI"):

- *Zielsetzung:*
  Sich selbst Ziele setzen, um die Zukunft aktiv zu gestalten.

- *Engagement:*
  Individuelle Bereitschaft sich anzustrengen.

- *Beharrlichkeit:*
  Die gesteckten Ziele längerfristig verfolgen.

Es liegt auf der Hand: Wer sich hohe Ziele setzt, sich anstrengt und längerfristig dranbleibt, der wird weit kommen. Wenn sich jemand dann noch gerne mit anderen misst (Wettbewerbs-Orientierung) oder besonderen Wert auf eine steile Karriere legt (Status-Orientierung), dann sorgen innere und äussere Antreiber für eine kraftvolle Vorwärtsdynamik.

Es gibt jedoch auch andere Ansätze aus der Motivationspsychologie, welche für unser Thema eine hohe Relevanz haben. Praktischen Nutzen haben vor allem zwei Ansätze: Die Erwartung mal Wert-Theorien sowie die Attributions-Theorien. Bei letzteren ist für unser Thema von Bedeutung, dass hoch leistungsmotivierte Personen die erreichten Erfolge der eigenen Fähigkeit oder Anstrengung zuschreiben, Misserfolge hingegen eher external attribuieren (äusseren Faktoren zuschreiben). Sie setzen sich zudem nicht unnötig unter Druck und wählen mittelmässig schwierige Aufgaben aus, denen sie mit hoher Wahrscheinlichkeit gewachsen sind (siehe auch „Leistung und Anstrengung"). Bei der Erwartung mal Wert-Theorie ist der Ansatzpunkt ganz anders: Die Leistungsmotivation ist gemäss diesem Ansatz besonders hoch, wenn

- Die Chance auf Erfolg hoch ist
  (wer packt schon gern eine Aufgabe an, die fast sicher schief geht).

- Die Aufgabe als wichtig bewertet wird
  (Unwichtiges können wir problemlos aufschieben).

Es gibt also ganz verschiedene, fundierte Ansätze, welche den Zusammenhang zwischen Motivation und Leistung dokumentieren. Ein letzter Ansatz darf nicht fehlen, denn er wird von den meisten Spitzenkönnern als zentrales Motivations-Elixier immer wieder erwähnt: Die Freude am Job.

Formeln für bessere Leistungen

- ☐ Finden Sie die inneren Antreiber, welche es Ihnen ermöglichen sich für eine Sache einzusetzen und langfristig dran zu bleiben.
- ☐ Wenn Sie etwas tun wollen oder müssen:
  - eine positive Erfolgserwartung kreieren
  - die Wichtigkeit/den Wert dieses Tuns erhöhen.
- ☐ Im Falle des Erfolgs „ganz unbescheiden" die eigene Fähigkeit/Anstrengung als Grund betrachten. Bei Misserfolgen aber nicht lange grübeln – muss ja nicht nur an Ihnen liegen.
- ☐ Immer wieder die positiven Seiten des Jobs geniessen.

2.2.8. Leistung und Anstrengung

Für die meisten Menschen ist die Erbringung von Leistungen mit Anstrengung verbunden: Marathon laufen – anstrengend. Ein Buch schreiben – anstrengend. Produkte verkaufen – anstrengend. Menschen führen – anstrengend. Arbeiten – anstrengend. Schauen wir uns deshalb an, ob es nicht auch leichter geht.

Das wohl bekannteste Konzept für Leistungen, die ganz leicht von der Hand gehen, ist das Flow-Konzept von Csikszentmihalyi. Flow ist ein Gefühl, das wir alle schon erlebt haben: Es passt, man fühlt sich wohl, geht ganz in der Sache auf, ist hellwach, irgendwie „schwebend" und doch konzentriert? Das ist Flow. Er kann fast überall auftauchen, wenn einige Faktoren erfüllt sind. Leicht vereinfacht formuliert sind dies:

- Das Ziel (was ist zu tun?) ist ganz klar.

- Wir sind der Aufgabe gewachsen, sind weder unter- noch überfordert.
- Wir sind vollkommen auf die Tätigkeit fokussiert, nehmen Sie ernst, packen sie aber spielerisch-locker an.
- Wir denken nicht an die Zukunft, an Erfolg oder Misserfolg, sondern sind ganz im Hier und Jetzt.
- Wir sind ungestört, können ganz in der Tätigkeit aufgehen.

Flow hat in Bezug auf Leistung mehrere Vorteile: Erstens sind wir im Flow effektiv, kommen rasch voran (d.h. wir erledigen viel), zweitens sind wir ganz auf unser Tun fokussiert und wenig gestört (d.h. wir verzetteln uns nicht), drittens geniessen wir das Tun, sind in guter Stimmung, fühlen uns wohl (das hält die Motivation hoch) und viertens geht das Ganze leicht von der Hand (d.h. geringer Energieaufwand). Das spricht doch alles klar dafür zu versuchen, mehr Flow im Alltag zu schaffen – aber wie? Es ist klar, Grossraumbüros und ein dichtgedrängte Terminplanung sind eher flowfeindlich als -fördernd. Es gibt jedoch auch Tendenzen, welche es dem Einzelnen erleichtern, Flow-Phasen zu schaffen: Flexible Arbeitszeiten, Home Office, „quiet rooms“ für stille Arbeiten – das sind kleine Schritte in die richtige Richtung. Vielleicht hilft es auch, lieber mal am Abend früher nach Hause zu gehen und dafür am Samstag zwei Stunden Flow zu suchen.

Ich will dabei nicht den Eindruck erwecken, dass ALLES ganz angenehm und leicht sein kann. Gerade im Leistungssport wird immer wieder deutlich: Nur hartes, intensives Training bringt einen Athleten vorwärts. Im Berufsalltag jedoch müssen wir die Sache noch differenzierter betrachten. In vielen Jobs gibt es Aufgaben, die keine besondere körperliche, geistige oder fachliche Herausforderung darstellen. Sie sind einfach zu erledigen. Jetzt und gut. Viele Menschen erledigen jedoch auch diese Aufgaben mit Anspannung, mit einem hohen Kraft- und Energieaufwand und von aussen betrachtet hat man den Eindruck, dass sie einen extrem anstrengenden Job verrichten. Lässt sich nicht auch diese Tätigkeit mit einer Dosis Lockerheit und Leichtigkeit anpacken? Zwar verändern sich damit allenfalls weder der Output noch die dafür benötigte Zeit, doch bezugnehmend auf die physikalische Leistungsformel können wir aber sagen, dass das dritte Element, der Energieaufwand deutlich geringer sein sollte. Auch nicht schlecht, oder?

Formeln für bessere Leistungen

- ☐ Sich so organisieren, dass Flow-Phasen möglich sind.
- ☐ Aufgaben mit einer guten Portion Lockerheit und Leichtigkeit angehen (aber dennoch fokussiert).

2.2.9. Leistung im idealen Leistungszustand

Der ideale (oder je nach Autor auch optimale) Leistungszustand ist der Zustand, in welchem wir Spitzenleistungen erbringen können. Im Gegensatz zum Flowkonzept steht aber nicht die Anforderung im Zentrum, sondern die Aktivierung. Weder zu locker, noch zu angespannt – das ist der ideale Leistungszustand ILZ, der z.B. im Sport von grosser Bedeutung ist. Athleten beschreiben ihn als positiv-gespannte, freudig-lockere Energie. Wenn es nur eine einzige Chance gibt, die Bestleistung zu erbringen (z.B. Finallauf an den Olympischen Spielen), dann muss das Ziel sein, die eigenen Möglichkeiten zu 100,0% auszuschöpfen. Wer leicht unteraktiviert („ich kam einfach nicht auf Touren") oder überaktiviert ist („ich war ziemlich nervös"), dem wird dies kaum gelingen. Es schleichen sich kleine Fehler ein, die man sonst nicht macht – und schon ist der Wettkampf gelaufen.

Für die Nutzung im Businessbereich sind die Ansprüche bezüglich Aktivierung (Power/Spannung/Energie) nicht ganz identisch, aber das Prinzip des ILZ ist genauso wirksam und das Beherrschen der Steuerung genauso nützlich. Weil in vielen Jobs die passende Aktivierung aber länger aufrechterhalten werden muss, ist die Toleranz etwas grösser als im Spitzensport (90% sind vielleicht schon genug). Eine besondere Schwierigkeit kann im Businessalltag aber sein, früh am Morgen oder spät am Abend, in der vierten aufeinander folgenden Sitzung oder beim hundertsten Kunden noch immer „voll da" zu sein.

Es gibt aber natürlich auch Jobs, wo eine 100%ige Aktivierung absolut notwendig ist: Wir erwarten diese beispielsweise vom Herzchirurgen, auch dann, wenn er bereits die dritte oder vierte Operation in Folge macht. Oder vom Flugüberwacher, der die Flugzeuge im Anflug auf einen Flughafen überwacht. Hier gibt es Null-Fehler-Toleranz! Im Normalfall aber reicht es wohl, einen guten Leistungszustand anzustreben, dafür aber während der ganzen Arbeitszeit. Mit etwas Erfahrung und der bewussten Anwendung einfacher Aktivierungs- (z.B. sich bewegen, tief durchatmen) und Beruhigungs-Techniken (z.B. Augen kurz schliessen, Lockerungsübungen) ist das gar nicht so schwer.

Formeln für bessere Leistungen

☐ Sich in den idealen Leistungszustand (ILZ) steuern:
- Bei Unteraktivierung („Müdigkeit"): aktivieren.
- Bei Überaktivierung („Stress"): beruhigen.

2.2.10. Leistungsumfeld

Die Wichtigkeit eines guten = leistungsfördernden Umfelds ist vom Grundsatz her wohl wenig bestritten. Eltern wünschen sich ein gutes Umfeld für ihre Kinder, einen Ausbildungsplatz, an dem auch das Drumherum stimmt, einen Lehrer, der einen guten Klassengeist schafft. Die meisten Menschen wollen an einem Ort arbeiten, wo auch das Klima stimmt, und viele wechseln den Job, wenn dies nicht mehr der Fall ist. Wenn das Umfeld passt, geht es uns gut und wir erbringen die geforderte Performance mit geringstmöglicher Anstrengung. Stimmt das Umfeld hingegen nicht, wird jede Tätigkeit – auch wenn sie noch so interessant und herausfordernd ist – zur mühsamen „Quälerei" mit entsprechend reduziertem Output. Ich habe deshalb das Umfeld (U) in meine einfache Formel für sportliche Leistungsfähigkeit eingebaut (siehe „Sportliche Leistung").

Die Schwierigkeit in der Praxis liegt aber wohl darin, dass sich ein gutes Umfeld nicht einfach organisieren oder kaufen lässt, es braucht den Beitrag jedes Einzelnen. Zwar können wir eine schöne Umgebung einrichten, was in vielen Unternehmen heute besonders beim Bezug eines neuen Bürogebäudes auch realisiert wird (siehe Abschnitt „Leistungsoptimierung"). Der nicht so tolle Arbeitsplatz wird aber nur im Extremfall der Grund für eine Kündigung sein, die schlechte Stimmung im Team oder das schwierige Verhältnis zum Vorgesetzten kommt hingegen häufig vor. Um die Wichtigkeit des Umfelds zu dokumentieren, nutze ich manchmal einen Begriff, der vom Konzept des idealen Leistungszustands abgeleitet ist: der

ILZ auf Team- oder auf Organisationsebene. Ähnlich wie die Athleten das Feeling im ILZ beschreiben, lässt sich auch ein Team- oder Unternehmens-ILZ beschreiben: Man geht gern zur Arbeit, fühlt sich wohl, ist positiv gestimmt, freudig-locker-aufgestellt.

Das Streben nach dem leistungsfördernden Umfeld macht aber auch deutlich, dass Performance Coaching nicht immer ausschliesslich auf individueller Ebene erfolgen kann, denn wir sind immer Teil von verschiedenen Systemen. Wir befinden uns in permanenter Interaktion mit unserer Umwelt, beeinflussen dieses, werden von ihr beeinflusst. Ziel muss es deshalb sein, dass diese Interaktion so verläuft, dass alle Beteiligten mit positiver Dynamik und Performance agieren können.

Formeln für bessere Leistungen

- ☐ Den ILZ auch auf Ebene Team/Organisation anstreben (ein leistungsförderndes Umfeld schaffen).

2.2.11. Zusammenfassung

Es gibt eine Reihe von Konzepten zum Thema Leistung. Diese sind vielen Arbeitstätigen aber im Alltag kaum bewusst (z.B. Rhythmus) oder auch nicht bekannt (z.B. ILZ). Und oft herrscht auch das Gefühl vor, dass die eigenen Einflussmöglichkeiten gering oder gar inexistent seien. Gerade deshalb können diese meist einfachen Prinzipien, Formeln und Modelle helfen, bewusster mit dem Thema Leistung umzugehen. Für mich ist das der vielleicht wichtigste Ansatzpunkt im Performance Coaching. Leistung thematisieren, konkretisieren, modulieren, verständlich und handhabbar machen. Um dies zu erreichen, muss nicht nur der Performance Coach die für ihn relevanten Modelle präsent haben. Vielmehr geht es darum, diese auch den Klienten zugänglich zu machen, egal ob es sich um eine einzelne Person, ein Team, eine Abteilung oder ein ganzes Unternehmen handelt. Erst wenn wir beginnen, ein konkretes inneres Bild von Leistung zu haben, welches differenziert und ganzheitlich ist (von Körper über Kopf bis Umfeld), werden wir langfristig Top-Leistungen erzielen und entsprechende Prozesse begleiten oder steuern können. Wie dies geschehen kann, wird das nächste Kapitel anschauen.

3. LEISTUNG OPTIMIEREN

3.1. Leistungsoptimierung allgemein

3.1.1. Jedes Jahr noch mehr?

Vielen Menschen wird es Angst und Bange, wenn sie daran denken, was Ende Jahr wieder geschehen wird. Der oder die Vorgesetzte gratuliert (hoffentlich) zu den erbrachten Leistungen und bedankt sich (noch einmal hoffentlich) dafür. Danach aber folgt der Nachsatz: „Im nächsten Jahr muss es aber noch etwas mehr sein, damit die immer höheren Anforderungen im Markt erfüllt werden können". Alle Jahre wieder findet dieses Ritual statt, unabhängig davon, ob wir das für sinnvoll, realistisch oder wünschenswert halten oder nicht. Dass es irgendwann heisst: „Es darf im nächsten Jahr auch etwas weniger sein", ist nicht zu erwarten. Die Frage ist aber, wie realistisch es ist, immer noch mehr zu erwarten und zu verlangen? Die zunehmende Zahl von Burnout-Fällen lässt vermuten: Die Spirale lässt sich nicht immer noch weiter nach oben drehen, jeder erreicht irgendwann seine individuellen Grenzen. Dies ist einer der Gründe, warum ich der Überzeugung bin, dass nicht die Maximierung, sondern die Optimierung der Leistung das Ziel sein muss. Diese beinhaltet für mich die bereits erwähnten Aspekte der Leistungserhöhung, aber auch der Stabilisierung und Absicherung der Performance. Dies ist durchaus auch im Interesse des Unternehmens, denn vom Phänomen Burnout sind ja in besonderem Mass die Personen betroffen, auf welche man bis dato zählte: die Top-Leister. Kein Unternehmen sollte sich leisten, die Leistungsträger aufgrund einer falschen Maximierungs-Strategie zu verlieren.

3.1.2. Möglichkeiten und Grenzen der Leistungsoptimierung

Wenn ich mich im Bekanntenkreis umhöre, dann ist der Tenor klar: „Irgendwann ist fertig – wir können ja nicht immer noch mehr leisten." Diese Ansicht wird durch Beobachtungen im Sport teils bestätigt – aber eben nicht komplett: Auch in der Leichtathletik, der Sportart, in welcher es wohl am ursprünglichsten um die pure körperliche Leistung geht, haben sich viele Weltrekorde positiv entwickelt. Natürlich lässt sich nicht ganz wegdiskutieren, dass hier möglicherweise auch unerlaubte leistungsfördernde Mittel eingesetzt wurden. Wenn wir die Legalitäts-Diskussion aber für den Moment hintenan stellen, lässt sich sagen: Wir können die Performance selbst in Bereichen steigern, in welchen wir denken, dass wir nah an der „theoretischen“ Grenze angekommen sind. Dazu sind dann aber zusätzliche Massnahmen zur Leistungsoptimierung notwendig. Performance Coaching kann so eine Methode sein – und die wäre in jedem Fall legal!

Lassen Sie uns aber auch die Grenzen ausloten, denn ausser dem Weltall ist wohl kaum etwas grenzenlos. Die Wahrnehmung „Irgendwann ist fertig...“ ist ja sicher nicht ganz unbegründet. Wir alle können z.B. nicht tagelang ohne Schlaf durcharbeiten, können die Arbeitsintensität nicht unbegrenzt erhöhen (z.B. doppelt so viele Dokumente bearbeiten als sonst) und schaffen es nicht, das Gleiche in der Hälfte der Zeit zu erledigen. Irgendwann ist die Grenze des für uns Machbaren erreicht. Leider jedoch wissen viele Menschen nicht, wo ihre eigenen Grenzen sind, versuchen mit aller Macht die (eigenen und fremden) Ziele zu erreichen, reagieren nicht auf die Hinweise des Körpers (z.B. Schlafprobleme), des Umfelds (z.B. Konflikte) oder der Psyche (z.B. Demotivation). Eine der möglichen Reaktionen auf diese chronische Überlastung ist das bereits erwähnte Burnout-Syndrom. Auf die Gefahr hin, dass dies für Betroffene zynisch klingt, scheint mir dies dennoch eine ganz nützliche (wenn auch für alle Betroffenen einschneidende bis gravierende) Erkenntnis zu sein: ja, wir haben Grenzen.

Ist es vor diesem Hintergrund denn noch legitim, überhaupt an Leistungsoptimierung zu denken? Ja, aber unter zwei Voraussetzungen:

- Kurz-, mittel- und langfristige Perspektive gleichermassen gewichten.
- Integration der Stabilisierungs- und der Absicherungs-Komponente.

So kann ein solide aufgebautes Performance Coaching – durch besseres Verständnis von Leistung – gleichzeitig einen indirekten Beitrag zur Gesundheitsförderung im Unternehmen leisten.

3.1.3. Kurz-, mittel- und langfristige Ansätze

Ich habe vorhin bereits erwähnt, dass langfristige Performance aus meiner Sicht besonders erstrebenswert erscheint. Dies gilt meines Erachtens ganz explizit auch in Branchen, in welchen im „daily business“ die Kurzfristigkeit regiert. Es liegt mir aber fern, eine ausschliessliche Fokussierung auf langfristige Interventionen zu fordern, denn je nach Situation und Thematik lässt sich in kurzer Zeit eine relevante Performance-Verbesserung erreichen. Wer jedoch längerfristig denkt und handelt und dabei erst noch die verschiedenen Zielebenen (Optimierung, Stabilisierung, Absicherung) berücksichtigt, wird nachhaltigere Entwicklungen erreichen. Thematisch kann dies dann zum Beispiel folgendermassen aussehen.

Individuelle Ebene	**Kurzfristige Performance**	**Mittelfristige Performance**	**Langfristige Performance**
Leistungs-optimierung	ILZ	Körperliche Fitness	Ausdauer
Leistungs-Stabilität	Fokussierung	Klare Prioritäten	Work-Life-Balance
Absicherung der Leistung	Abschalten	Ferien-planung	Sabbatical

Organisations-Ebene	**Kurzfristige Performance**	**Mittelfristige Performance**	**Langfristige Performance**
Leistungs-optimierung	Demoti-vatoren	Positive Dynamik	Qualitäts-management
Leistungs-Stabilität	Pausen-Management	Leistungs-phasen	Struktur-optimierung
Absicherung der Leistung	Stress-Management	Gesundheits-Management	Umfeld-Management

Es liegt auf der Hand, dass eine so vielfältige Intervention auf mehreren Zeitebenen in einer grösseren Organisation nicht von einer Person allein getragen werden kann. Wie verschiedene Personen in einem stark interaktiven Setting gut zusammenarbeiten können, lässt sich gut am Beispiel des Sports aufzeigen. Das nächste Kapitel soll dies demonstrieren.

Formeln für bessere Leistungen:

- ☐ Leistungsoptimierung sollte die kurz-, mittel- und langfristige Performance berücksichtigen.
- ☐ Nicht nur die Optimierung anstreben, sondern auch Stabilität.
- ☐ Langfristige Performance gut absichern (z.B. Burnout-Prophylaxe).

3.1.4. Leistungsoptimierung im Spitzensport – ein Modell?

Leistungsoptimierung ist im Sport tägliches Hauptziel. Man kann sogar sagen, dass sich der ganze Tag eines Athleten aus verschiedenen Elementen zusammensetzt, welche der Leistungsoptimierung, -bereitstellung und -erbringung dienen. Dabei sind verschiedene Personen involviert, welche jeweils ihren spezifischen Anteil leisten:

- Die Trainer sorgen mit einem fundierten Training dafür, dass die technisch-taktischen Fertigkeiten gefördert werden.
- Medizinische Fachleute sorgen dafür, dass der Körper mit allem versorgt ist, was er braucht und optimal arbeiten kann. Sie sind zudem im kurativen Bereich tätig (Regeneration, Rehabilitation nach Verletzungen).
- Konditionstrainer sorgen dafür, dass Kraft, Ausdauer und Beweglichkeit (die physischen Voraussetzungen) stimmen.
- Sportpsychologen arbeiten auf eine Entwicklung der mentalen Stärke hin (zahlreiche Faktoren von Motivation bis Gedankensteuerung).

- Assistenten übernehmen wichtige Teilaufgaben, wie z.B. systematische Beobachtungen, statistische Auswertungen usw.
- Materialtechniker optimieren die Interaktion zwischen Mensch und Material (z.B. Ski, Skibindung, Skischuhe) und tragen so ihren Teil zur Leistungserbringung (Umsetzung des Potenzials) bei.

Das heisst, dass das Ziel im Leistungssport stets ist, die körperliche, psychische, soziale, technisch-taktische wie auch materialtechnische Komponente zu einem funktionierenden Ganzen zu verbinden, in welchem sich die verschiedenen Elemente optimal ergänzen. Dieser systemische, ganzheitliche Approach stellt zwar einige Anforderungen an die Beteiligten, trägt aber dazu bei, dass jede leistungsbeeinflussende Ebene auch im notwendigen Mass berücksichtigt wird. Im Spitzensport hat man in den letzten Jahren erkannt, dass nur die Integration von Fachleuten eine kompetente Entwicklung auf hohem Niveau ermöglicht. Natürlich muss diese gut koordiniert sein (z.B. durch den Sportchef oder den Cheftrainer), damit es kein Kompetenzgerangel und keine unnötigen Spannungsfelder gibt. Die verschiedenen Dienstleister – jeder auf seinem Gebiet ein Spezialist – müssen alle am gleichen Strick in die gleiche Richtung ziehen: Sportlicher Erfolg.

3.1.5. Lernfelder für die Wirtschaft

Wenn ich meine Erfahrungen und Beobachtungen im Leistungssport und in der Wirtschaft miteinander vergleiche, dann ist klar: Die Hände greifen im Sport (dort, wo es auch wirklich funktioniert!), enger und besser ineinander, als dies vielerorts in der Wirtschaft der Fall ist. Das hat viele, ganz sicher aber zwei entscheidende Gründe:

1. Das Ziel des gemeinsamen Tuns ist eindeutig:
Der Erfolg des Athleten/Teams.
2. Das System resp. die Anzahl der involvierten Personen
ist viel kleiner, überschaubarer.

Diese beiden Faktoren machen es leichter, die potenziellen Leistungshemmer zu erkennen, sinnvolle Ansatzpunkte zu finden und koordinierte, massgeschneiderte Interventionen zu realisieren. Dies darf und soll aber keine Entschuldigung sein! Vielmehr macht es uns im Sinne eines Benchmarkings klar, was wir in der Wirtschaft brauchen, um erfolgreich Performance Development zu betreiben:

- Die Stärken verschiedener Personen bündeln (mit guter Koordination und unter einer klaren Leitung).
- Eine „prophylaktische“, alltagsnahe Vorgehensweise (nicht erst was tun, wenn es nicht mehr läuft).
- Eine längerfristige Perspektive (nicht nur in besonders schwierigen Phasen).

Wenn ein Unternehmen die Leistungsförderung so systematisch, koordiniert, prophylaktisch und langfristig anpackt, dann lassen die Resultate nicht lange auf sich warten. Doch geschieht das nicht bereits? Das nächste Kapitel wird dies genauer erläutern.

Formeln für bessere Leistungen

☐ Alle involvierten Personen koordiniert arbeiten lassen (klarer Lead).

☐ Aufbauen statt nur reagieren, wenn's nicht läuft.

☐ Leistungsoptimierung zum Alltagsthema werden lassen (Teil der Unternehmenskultur).

3.2. Leistungsoptimierung in der Wirtschaft

Falls im letzten Kapitel der Eindruck entstanden ist, dass in der Wirtschaft noch nicht systematisch an der Leistungsoptimierung gearbeitet wird, ist dies natürlich vollkommen falsch. An jedem Management-Kongress und auf jeder HR-Fachmesse geht es auch um dieses Thema resp. Ziel. Und dennoch denke ich, dass der Business-Ansatz in punkto Inhalten und Vernetztheit noch ausbaubar ist. Um diese Aussage besser einzuordnen, möchte ich in der Folge eine kleine Übersicht über bekannte und häufig genutzte Ansätze zur Performance-Optimierung liefern. Massgebend für die Aufnahme in die unvollständige Liste war, dass eine Methode ein möglicher Teil einer Intervention im Performance Coaching (auf individueller oder auf Organisations-Ebene) sein könnte.

3.2.1. Technische Ansätze

3.2.1.1. Qualitätsmanagement

Die Total-Quality-Management (TQM) Spezialisten dieser Welt machen wohl am deutlichsten klar, um was es geht. Sie streben ganz offiziell nach „Excellence" und machen damit deutlich, mit welchem Wertemassstab sie unterwegs sind. Zum Qualitätsmanagement gehören Begriffe wie ISO-Zertifizierung und EFQM-Modell. Zentrale Teile von Qualitätsmanagement-Programmen sind Führung und Mitarbeiter, Politik und Strategie, Partnerschaften und Ressourcen, Prozesse sowie diverse Ergebnisse. Im Zentrum steht die intensive Auseinandersetzung der Beteiligten mit dem aktuellen Zustand. Zentral sind dabei das Erkennen von Schwachstellen und die Suche nach Verbesserungsmöglichkeiten auf allen Ebenen. Dieser sehr systematische und im Falle einer Zertifizierung auch aufwendige Prozess, ist stark aus dem Unternehmen heraus durch die Beteiligten (Kader und Mitarbeiter) gesteuert. Ihre Beiträge sind es, welche das Unternehmen weiter bringen. Dies kann bei einigen Modellen soweit gehen, dass die verschiedenen Vorschläge im Intranet aufgeschaltet und dort kommentiert, bewertet und priorisiert werden. So wird eine grösstmögliche interne Akzeptanz und eine Überprüfung der Praxistauglichkeit erreicht.

Eine grosse Parallele zwischen TQM und Performance Coaching besteht darin, dass der Fokus im Qualitätsmanagement nicht ausschliesslich auf dem Output (Ergebnisse), sondern auf dem Weg dorthin (Prozesse, Betroffene) liegt. Beim Performance Coaching ist dies sogar noch stärker der Fall: Die äusseren Ergebnisse werden in erster Linie als Folge dessen, was im Unternehmen getan wird betrachtet.

Formeln für bessere Leistungen

- ☐ Die wichtigen Erfolgsfaktoren und die dafür notwendigen Schritte (Verhaltensweisen) klar definieren.
- ☐ Die erreichte Qualität mit engem Einbezug der Mitarbeitenden/Kader permanent optimieren.

3.2.1.2. Wissensmanagement

Jedes Jahr verlieren viele Unternehmen viel Know-how durch Kündigung, Entlassung und Pensionierung, aber auch durch Unfälle, Krankheiten und Todesfälle. Wenn wir die Grundhaltung aus dem Qualitätsmanagement betrachten, wo jeder Mitarbeiter Wissens- und Leistungsträger ist, dann wird klar, dass jeder einzelne personelle Verlust auch ein Minus an Wissen und damit an Performance ist oder zumindest sein kann. Wie gross der Know-how-Verlust ist, hängt stark von der Position des Mitarbeiters ab. Nicht jeder ist Träger von für den Unternehmenserfolg relevantem Wissen. Jemand aus dem Reinigungsteam lässt sich leichter ersetzen als jemand aus dem Entwicklungsteam. Ein fundiertes, systematisches Wissensmanagement ist also insbesondere in den Bereichen zentral, in welchen viel Wissen entsteht, verwaltet oder umgesetzt wird.

Man kann zwar sagen, dass das Management von vorhandenem Wissen nicht direkt zu einer besseren Performance führt, sondern „lediglich" dazu beiträgt, dass diese auf hohem Niveau erhalten bleibt. Wie wir aus vorhergehenden Kapiteln wissen, ist dies ein ebenso relevanter Faktor im Performance Coaching, wie die Optimierung der Leistung. Aber nicht nur das: Ein gutes Wissensmanagement hat durchaus das Potenzial, die Entwicklung voran zu bringen. Erstens kann die Zeit, welche nicht mehr für das Sammeln von Daten benutzt wird, für kreative, erfolgsrelevante Prozesse und Tätigkeiten genutzt werden. Und zweitens kann durch das Schliessen von Wissenslücken Neues entstehen, wenn vorhandenes Know-how für alle greifbar gemacht wird. Auch kann so dem in vielen Unternehmen vorhandenen „Gärtchendenken" Einschub geboten werden.

Formeln für bessere Leistungen

- ☐ Wissens-/Know-how-Verluste vermindern und die Performance auf hohem Niveau so stabilisieren.
- ☐ Das vorhandene Wissen „allen“ zugänglich machen und so Neues entstehen lassen.

3.2.1.3. Benchmarking

Die Ausrichtung auf die Besten, der Vergleich mit der Spitze, ist ein zentrales Element der Leistungsoptimierung. Dies drückt sich u.a. im Schlagwort „best practice“ aus. Dieses Prinzip ist aber nur ein Teil eines grösseren Prozesses, dem Benchmarking: Dem Ausrichten des eigenen Tuns nach den Besten. Bei dieser Methode wird der Vergleich mit den Branchenbesten gesucht mit dem Ziel, von diesen zu profitieren. Dazu werden in einem mehrphasigen Prozess die zu vergleichenden Elemente definiert und der „passende“, d.h. in diesem Bereich führende Vergleichspartner identifiziert. In der nächsten Phase wird genau festgelegt, was beobachtet werden soll, welche Facts als Kennzahlen relevant sind und wie sie genutzt werden können. Danach werden die Prozesse, Strategien oder Verhaltensweisen evaluiert und daraus abgeleitet, wie das angestrebte Verhalten in Zukunft aussehen soll. Abschliessend wird dann die Implementierung vorbereitet, realisiert und durch permanentes Monitoring auch kontrolliert. Ein insgesamt aufwendiger, aber auch wertvoller Prozess.

Neben dem eher technischen, systematisch-methodischen Vorgehen steht aus Performance Coaching-Sicht aber ein weiteres Element im Zentrum: Die innere Ausrichtung an den Besten, die Orientierung auf ein hohes Ziel, der selbstkritische Vergleich mit Mitbewerbern. Dies verlangt von jedem Einzelnen einiges, denn dass wir bei diesem Vergleich „schlecht wegkommen“, ist Teil des Konzepts. Es soll ja festgestellt werden, wo das eigene Unternehmen/der einzelne Bereich eine weniger gute Leistung erbringt, als dies anderswo der Fall ist. Es darf jedoch nicht unterschätzt werden, dass dieser „negative Vergleich“ nicht jeden Beteiligten automatisch zu noch besseren Leistungen animiert. Negative Vergleiche können durchaus auch destabilisieren und demotivieren. Eine lösungs- resp. entwicklungsorientierte Vorgehensweise und Grundhaltung sind deshalb beim Benchmarking von grosser Bedeutung.

Formeln für bessere Leistungen

- ☐ Konsequente Ausrichtung an den Besten (und deren Vorgehensweisen).
- ☐ Verinnerlichung der Best Practice-Mentalität.

3.2.2. Menschorientierte Ansätze

3.2.2.1. Feedback & Co

Feedback ist ein Schlagwort, welches heute oft als Synonym für Rückmeldung verwendet wird. Dabei gibt es u.a. Feedbacks zum Stand der Dinge bei einer Arbeit (z.B. Produktions-Feedback) oder zur erlebten Qualität (z.B. Gäste-Feedback). Am häufigsten wird der Begriff aber verwendet für eine Rückmeldung an eine einzelne Person respektive zu deren Einstellung, Verhalten oder Leistung. Dabei ist das „klassische" Feedback an gewisse Regeln gebunden. Es drückt die individuelle, subjektive Wahrnehmung des Beobachters aus. Die Frage liegt deshalb auf der Hand: Was soll das denn zur Leistungsoptimierung beitragen?

Die Verhaltenspsychologie macht klar: Feedback kann sich ganz direkt darauf auswirken, welches Verhalten die betroffene Person ab diesem Zeitpunkt zeigt. Dies gilt insbesondere wenn der Feedbackgeber im Leben des Betroffenen eine Bedeutung hat, also z.B. Vorgesetzter oder Kunde ist. Dafür sind aber gewisse Voraussetzungen zu erfüllen. Es gilt beispielsweise zu beachten, dass das Feedback zeitnah erfolgt (je rascher, desto wirksamer). Dies wird vor allem in vielen praktischen Berufen während der Ausbildung (Berufslehre) noch häufig praktiziert, geht in späteren Phasen des Berufslebens dann aber leider etwas verloren.

Spannend – und vom kulturellen Aspekt her wichtig – ist auch der Aspekt, dass Feedback sowohl negative (Kritik) wie auch positive (Lob) Aspekte beinhalten kann. Während ersteres dazu führt, dass das Verhalten in die gewünschte

Richtung angepasst wird, führt letzteres dazu, dass das positiv gewürdigte Verhalten auch in Zukunft häufiger gezeigt wird. Der Bezug zur Leistungsoptimierung liegt auf der Hand: Wer es schafft, nicht den Ansprüchen genügendes Verhalten abzubauen steigert die Leistung der Mitarbeitenden, und wer es schafft, das gewünschte Verhalten zum Normalfall werden zu lassen, der erreicht eine Leistungsstabilisierung auf hohem Niveau. Und das Schöne daran ist: Der Aufwand für diese „Methode“ ist minim, es braucht von den Beteiligten (meist Führungskräfte) nur die nötige Bereitschaft, Präsenz und Konsequenz.

Wird Feedback einfach als Teil der Führungsaufgabe verstanden, dann würde ich nicht von einer systematischen Leistungsoptimierung sprechen. Wird Feedback in einem Unternehmen aber als Teil der Unternehmenskultur implementiert, trainiert und genutzt, dann kann sehr wohl von einer Methode zur Leistungsoptimierung gesprochen werden. Es erstaunt mich deshalb immer wieder, wie selten dieses Instrument systematisch verwendet wird.

Formeln für bessere Leistungen

- ☐ „Negatives“ Verhalten sofort offen ansprechen und mit kritischem Feedback eine Verhaltensänderung initiieren.
- ☐ „Positives“ Verhalten bemerken und mit bestätigendem Feedback zur Stabilisierung beitragen.
- ☐ Im Unternehmen eine Feedback-Kultur installieren.

3.2.2.2. Training

Egal ob Einzel- oder Gruppentraining, egal ob „live“ oder am Computer: Training ist immer noch ein wichtiges Instrument für eine Optimierung der Performance. Bei vielen Themen ist eine zielgerichtete Schulung der Betroffenen sogar eine zentrale Basis. Ob die Inhalte dabei gemeinsam erarbeitet oder durch die Seminarleitung vorgegeben werden, hängt von der Situation ab:

Ansatz	Vorgehensweise	Einsatzgebiete
Experten-ansatz	Top-down	Vermittlung von Know-how Implementierung der neuen Strategie
Beteiligungs-ansatz	Bottom-up	Qualitätsmanagement Organisationsentwicklung Wissensmanagement

Trainings haben einen grossen Vorteil: Man kann eine grössere Menge Personen gleichzeitig mit bestimmten Inhalten konfrontieren und diese in einem passenden Setting bearbeiten. So können Fragen beantwortet, allfällige Widerstände entkräftet, Ideen und Vorschläge aufgenommen und die Umsetzung vorbereitet werden. Gerade im Vergleich zum Coaching hat das Training (Seminar/Workshop) natürlich einen grossen Vorteil: Die Kosten für die Dienstleistung werden auf viele Köpfe verteilt. Gleichzeitig muss sich das Training aber immer wieder den Vorwurf gefallen lassen, dass der Return on Training (RoT) dadurch relativiert wird, dass mit dem Giesskannenprinzip zu wenig auf die individuellen Voraussetzungen und Bedürfnisse eingegangen werden kann. Klar ist deshalb: Nicht immer ist Training die ideale Massnahme zur Leistungsoptimierung.

Und wie muss ein Training gestaltet sein, damit es die gewünschte Wirkung zeigt? Wirksamkeits-Untersuchungen zeigen auf, dass dies besonders dann der Fall ist, wenn eine spezifische Vorbereitung stattfindet, die Inhalte praxisorientiert (direkt nutzbar/leicht übertragbar) sind und eine begleitete Transferphase stattfindet. Ich will diese Liste aber noch um drei Faktoren ergänzen:

- Eine möglichst hohe Nähe zum Unternehmen
  (z.B. konkrete Anforderungen und Beispiele).
- Das Projekt wird durch das (Top-) Management gestützt
  (z.B. Einladung, Startphase).
- Die Integration in ein grösseres Ganzes
  (z.B. Projekt für mehr Kundenorientierung).

In meiner Erfahrung wird ein Training so zum wertvollen Entwicklungsbaustein, auch im Bereich Performance. Situativ passend eingesetzt, lässt es sich auch aufgrund der möglichen Gruppendynamik (Spirit/Energie) kraftvoll nutzen.

Formeln für bessere Leistungen

- ☐ Mit Trainings praxisnahes Performance-Know-how vermitteln.
- ☐ Mit Trainings eine positive Gruppendynamik erzielen.

3.2.2.3. Coaching

Individuelles Coaching steht in der Business-Welt vorwiegend Führungskräften zur Verfügung. Sie können von diesem Angebot zur Bearbeitung aktueller beruflicher (und teils auch persönlicher) Fragestellungen während einer mehr oder weniger genau definierten Zeit profitieren. Durch die hohe Individualisierung, die konsequente Zielorientierung, die starke Eigenverantwortung und die notwendige Handlungs- und Umsetzungsorientierung ist der Return on Coaching (RoC) recht hoch, leider sind es die Kosten auch. Dies ist wahrscheinlich der Hauptgrund dafür, dass Coaching fast ausschliesslich für Kader und andere Schlüsselpersonen eingesetzt wird.

Es gibt jedoch einige Coaching-Varianten, bei welchen auch für Mitarbeitende eine positive Kosten-Nutzen-Rechnung entstehen kann. Ich verwende in verschiedenen Projekten sehr kurze Coaching-Sessions (meist 15 Minuten), in welchen in einem eng umgrenzten Themenkreis die persönlichen Anliegen bearbeitet werden können. Diese Form des Coachings eignet sich hauptsächlich zur Deblockierung, und stellt deshalb ein wertvolles Instrument in vielen Change- und Optimierungsprozessen dar.

„Normale" Coachings dauern je nach Coach zwischen 1,5 und 4 Stunden und ermöglichen so eine Bearbeitung der offenen Fragen auf einer vernetzteren und tieferen Ebene. In Leistungsoptimierungs-Projekten kann hier z.B. die konkrete

Umsetzung der geplanten Massnahmen im Team oder der Umgang mit Widerstand und Problemen thematisiert und bearbeitet werden. Es ist aus meiner Sicht mehr als sinnvoll, dies bereits vor Projektbeginn zu tun (proaktiv), aber natürlich macht auch eine reaktive Bearbeitung Sinn.

Formeln für bessere Leistungen

- ☐ Kurz-Coachings zur Deblockierung in Change- und Optimierungs-Prozessen.
- ☐ Klassische Coachings für Schlüsselpersonen/Kader zur Erweiterung des Handlungsrepertoires.

3.2.3. Systemorientierte Ansätze

3.2.3.1. Teamentwicklung

Teamentwicklungen sind in der Wirtschaft seit vielen Jahren ein Thema. Je nach Anbieter stehen jedoch unterschiedliche Philosophien und Schwerpunkte im Zentrum. Während Consultants mit psychologischem Background den Schwerpunkt beim Interaktionsprozess legen (Teamentwicklung), gibt es eine grosse Anzahl von Outdoor-Spezialisten, welche mehr das gemeinsame Erlebnis ins Zentrum rücken (Teambuilding). Beide Ansätze haben durchaus ihre Berechtigung, können je nach Entwicklungsphase, in welcher sich das Team befindet, nützlich sein:

- *Forming – die Gruppe wird zusammengestellt:*
  Ein Kick-Off kann zu einer positiven Startdynamik führen.
  In Gesprächen kann die optimale Zusammenarbeit geklärt werden.
- *Storming – es treten Spannungen und Konflikte auf:*
  Hier stehen klar die gesprächsorientierten Ansätze im Zentrum.

- *Norming – man einigt sich auf Spielregeln, Abläufe usw.:*
  Damit die neue Einigkeit entstehen kann braucht es Gespräche. Praktische Teamaufgaben können etwas dazu beitragen (2. Priorität).
- *Performing – das Team funktioniert:*
  Hier kann ein periodisches Event etwas zur Stimmung beitragen. Wichtig ist aber auch, die regelmässigen Gespräche aufrecht zu erhalten.

Ein gut designter Prozess kann dem Team auf vielen Ebenen etwas bringen, insbesondere aber in den Bereichen Leistung (Team und Einzelpersonen), Stimmung und Qualität der Zusammenarbeit. Bezüglich Leistung steht oft nicht der Output im zentralen Fokus, sondern die Reduktion von leistungshemmenden Störfaktoren. Eine schlechte Stimmung, die Ausgrenzung einzelner Personen, eine schlechte Kommunikation zwischen Teilen des Teams oder auch komplizierte teaminterne Prozesse wirken sich stark und nachhaltig auf die Freude an der Arbeit aus (siehe Abschnitt „Leistung und Motivation"). Diese Thematik lässt sich oft schon mit einem einfachen vierphasigen Prozessablauf (Ist – Soll – Optionen – Aktionen) strukturiert angehen. Die Komplexität sollte jedoch nicht unterschätzt werden, denn die Vielfalt an menschlichen Charakteren, Interessen, Kompetenzen und Kommunikationsweisen führt dazu, dass es nicht immer einfach ist, auf inhaltlicher und beziehungsmässiger Ebene einen echten Konsens zu finden.

Teamentwicklungen sind also recht zeitaufwendig und deren Ergebnis hängt von jedem Einzelnen ab. In einem Team von 10 Personen ist jeder zu 1/10 mitverantwortlich dafür, dass der Prozess gut abläuft und zu einem befriedigenden Ergebnis kommt. Da jedes Team aber mit anderen interagiert und so auch gewisse Reibungsflächen entstehen, hat die Teamentwicklung thematisch klare Grenzen: Thema kann sein, was das Team betrifft und vom Team mitbeeinflusst werden kann.

Formeln für bessere Leistungen

☐ Spannungen und Konflikte im Team angehen und einen passenden Konsens suchen.

☐ Das Team zu einem Top-Team entwickeln.

3.2.3.2. Kulturentwicklung

Es gibt Unternehmen, welche das Streben nach Spitzenleistungen in den Unternehmenswerten formuliert haben. Unter dem Wert „Exzellenz“ steht dann in etwa: Wir erbringen Höchstleistungen und liefern Top-Ergebnisse.

Es liegt auf der Hand, dass die meisten Unternehmen gerne die besten Mitarbeitenden einstellen würden. Der „war for talents“ wurde deshalb in den letzten Jahren vielerorts intensiv geführt. Doch ich habe nur wenige Unternehmen kennen gelernt, in welchen das Erbringen von Höchstleistungen von oben bis unten, bei Jung und Alt, in Personalmarketing und -entwicklung, im Innen- und Aussendienst ein klar erkennbarer und spürbarer Teil der Kultur war. Ich kann mir denken, dass Sie bei dieser Aussage etwas staunen, vielleicht auch den Kopf schütteln: Wird denn nicht überall viel verlangt? Ist nicht überall der Leistungsdruck hoch? Sicher, aber viel zu fordern heisst noch nicht, dass eine Spitzenleistungskultur besteht. Dazu gehört mehr, nämlich:

- Konsequente Ausrichtung am Optimum/an den Besten – in allen Bereichen und auf allen Ebenen.
- Spürbare Freude und Begeisterung für Top-Leistungen – sowohl auf individueller, wie auch auf Team-/Organisationsebene.
- Leichtigkeit/Flow statt Anstrengung/Druck/Kampf.

Klar ist dabei auch, dass eine Leistungskultur nicht durch die Formulierung einer Vision oder einer Strategie entsteht. Vielmehr lässt sie sich im Laufe der Zeit aus dem, was im Unternehmen gelebt wird, immer deutlicher ablesen. Gelebte Kultur ist wichtiger als formulierte Kultur, und doch hilft natürlich eine klar definierte und schriftlich festgehaltene Charta der Werte, Normen und Haltungen bei der täglichen Umsetzung. Insbesondere hilft sie aber auch beim Entwickeln der verschiedenen Faktoren.

Dies alles kann aber immer nur ein Start sein – und bekanntlich ist Papier geduldig. Entscheidend ist die Summe des gezeigten Verhaltens, der getroffenen Entscheidungen, der gelebten Einstellungen und der erlebbaren Dynamik. Dabei sollte man sich bewusst sein, das jede personelle Veränderung, ganz egal ob es sich um Neuzugänge, längere Arbeitsunterbrüche (z.B. Schwangerschaft) oder Abgänge handelt, das System – und damit auch die Kultur – verändert. Jeder Einzelne ist also Kulturträger, ja Kulturschaffender.

Formeln für bessere Leistungen

- ☐ Eine Kultur der Spitzenleistung definieren, aufbauen, kultivieren und erhalten.
- ☐ Spitzenleistung leben und geniessen.

3.2.3.3. Umfeldgestaltung

Ich verstehe unter dem Schlagwort Umfeldgestaltung eine Vielzahl von Ansätzen, welche der Schaffung von optimalen Arbeitsbedingungen dienen. Grundsätzlich sind m.E. aber vor allem zwei Teilziele darunter zu subsummieren:

1. *Schaffung einer leistungsfördernden Infrastruktur:*
   Ergonomie-Beratung, Gestaltung des Arbeitsraums usw.
2. *Schaffung eines leistungsfördernden Umfelds (Mensch):*
   Guter Teamspirit, stimmiges persönliches Umfeld usw.

Es liegt auf der Hand, dass sich der Arbeitgeber für den ersten Bereich verantwortlich fühlt. Während in früheren Jahrhunderten die Arbeitsbedingungen teils noch menschenverachtend waren, der Mensch eher als „Material“ betrachtet wurde, welches für die Erreichung der Produktionsziele eingesetzt werden konnte, hat sich dies im Laufe des 20. Jahrhunderts zumindest in der westlichen Kultur deutlich geändert. Das zeitgemässe Unternehmen, welches die besten Kader und Fachkräfte anziehen will, steigert seine Anziehungskraft auch durch die Schaffung von attraktiven Arbeitsräumen. Die Attraktivität beinhaltet dabei sowohl die ergonomische, wie auch die soziale und psychologische Dimension. Der Arbeitsplatz soll:

- Auf technischer Ebene leichtest mögliche Arbeit fördern (Beleuchtung, Stuhl, Tisch usw.).
- Auf sozialer Ebene den Informations-Austausch und die Kooperation erleichtern (Besprechungstische, Sitzecken usw.).
- Auf psychologischer Ebene eine positive Stimmung des Einzelnen fördern und den Arbeitsplatz zu einem „good place to be“ machen (Farben, Fenster, Möbeldesign usw.).

Man kann sagen, dass die Schaffung eines leistungsfördernden Umfelds die Rahmenbedingungen schafft, damit die Menschen die Leistungen leichter erbringen können. Bei technologisch anspruchsvollen Jobs, wo hochkomplexe Maschinen oder Roboter im Einsatz sind, ist es klar, dass das passende Umfeld eine „conditio sine qua non“, eine notwendige Voraussetzung ist. In vielen anderen Jobs wird dem Aspekt des passenden Arbeitsumfelds aber nicht die gleiche Bedeutung beigemessen. Und trotzdem wirkt das Umfeld auf die Leistung, aber leider nicht nur positiv.

Wenn wir die zweite Ebene, das menschliche Umfeld betrachten, erlebe ich die Priorisierung im Business-Alltag deutlich weniger proaktiv, meist auch nur ganz situativ. Eine Intervention auf Ebene Teamspirit wird in vielen Unternehmen an wenigen institutionalisierten Anlässen gelebt, z.B. dem Jahresausflug und dem Weihnachtsessen. Wie wir im Kapitel „Teamentwicklung“ gesehen haben, sind die Interventionen sonst eher defizitorientiert, finden nur statt, wenn irgendwo ein Problem auftaucht. Dies gilt ebenso, wenn nicht noch stärker, für das persönliche Umfeld der Mitarbeitenden. Vielerorts wird dieses sogar bewusst ausgeklammert, teils auch auf Wunsch der Mitarbeitenden: Man will Arbeit und Beruf nicht vermischen. Gleichzeitig erleben wir aber alle, dass sich die beiden Bereiche immer mehr vermischen: E-Mail-Check nach der abendlichen TV-Tagesschau, dank den alleskönnenden Smartphones auch in den Ferien – dafür als „Kompensation" die Möglichkeit, einen Tag pro Woche im Home Office zu arbeiten. Ob wir es wollen oder nicht: die Arbeit infiltriert das Privatleben immer stärker. Gleiches gilt aber auch umgekehrt: Wer schafft es schon, private Probleme ganz und gar zu Hause zu lassen, den Partnerschafts-Konflikt oder die Krankheit des Kindes während der Arbeit vollkommen auszublenden und einfach zu performen. Ich plädiere nicht dafür, die Verantwortung für all diese Themen nun auch noch dem Arbeitsgeber aufzubürden; es kann sich aber lohnen, wenn sich alle Beteiligten bewusst sind, dass zwischen Berufs- und Privatwelt eine permanente, leistungsbeeinflussende Interaktion besteht. 365 Tage im Jahr.

Formeln für bessere Leistungen

- ☐ Ein Umfeld schaffen, das Leistung und Wohlbefinden fördert.
- ☐ Dabei die technische, soziale und psychologische Komponente berücksichtigen.

3.2.4. Zusammenfassung

In der Wirtschaft wird bereits viel gemacht, um ein Optimum an Leistung zu erreichen. Braucht es da wirklich noch etwas „Neues"? Ich meine: Ja, denn die verschiedenen Methoden und Ansatzweisen werden allzu oft isoliert und bruchstückhaft verwendet. Auch versuchen einzelne Intervenierende, das Thema ganz für sich zu besetzen. Meines Erachtens kann aber keiner der beschriebenen Ansätze in Anspruch nehmen, das gesamte Spektrum in guter Qualität abzudecken. Es scheint mir deshalb sinnvoll zu sein, den Blick zu öffnen, ihn mehr auf das Ganze zu richten. Wenn wir verschiedene Interventionsformen in Richtung Leistungsoptimierung, -stabilisierung und -absicherung kombinieren, mehrere Zeitebenen berücksichtigen, an Individuum, Team und Unternehmen denken und dies alles in eine systematische, planmässige Vorgehensweise einbinden, dann steht uns ein ganzheitlicher, breit abgestützter Ansatz zur Verfügung, der seine Wirkung nicht verfehlen wird. Diesen Approach nenne ich Performance Coaching auf Ebene Organisation. Aber gehen wir Schritt für Schritt vor und nähern uns dem Begriff von verschiedenen Seiten her an.

4. PERFORMANCE COACHING

4.1. Zum Begriff

Wie bereits in der Einleitung angesprochen wird der Begriff Performance Coaching sehr uneinheitlich verwendet. Ich finde das immer wieder erstaunlich, denn eigentlich implizieren die im Zusammenhang mit Coaching verwendeten Begriffe doch recht klar, was in der „Verpackung" zu erwarten ist:

- *Management Coaching:*
  Coaching von Personen aus dem Management resp.
  Coaching in Managementfragen.

- *Life Coaching:*
  Coaching in Themen der Lebensweise.

- *Konflikt-Coaching:*
  Coaching in Konfliktsituationen.

Und als logische Fortführung dieser kleinen Reihe:

- *Performance Coaching:*
  Coaching in Leistungsfragen.

Die Frage stellt sich also, warum verschiedene Autoren den Begriff so vielfältig verwenden? Ich bin mir unterdessen ziemlich sicher, eine passende Antwort gefunden zu haben. Doch schauen wir vorerst, wie verschiedene Autoren den Begriff verwenden. Dabei muss ich allerdings noch ergänzen, dass teils nicht von „Performance Coaching" gesprochen wird, sondern von „Coaching for Performance". Lassen Sie mich diese beiden Begriffe hier – um die Sache nicht zu komplizieren - als identisch verwenden:

- *Dilts (2005):*
  Coaching auf Verhaltensebene.

- *Whitmore (2009):*
  Coaching welches hilft, die eigene Leistungsfähigkeit zu maximieren.

- *McMahon & Leimon (2008):*
  a) Zugang zum vorhandenen Potenzial schaffen
  b) Den Umgang mit Veränderungen erleichtern
  c) Die Leistung maximieren
  d) Menschen helfen, Skills zu erlernen und zu entwickeln
  e) Spezifische Kommunikationstechniken nutzen
  und in einem Satz zusammengefasst:
  „Performance Coaching is all about making an individual more effective and efficient".

Ich selbst habe in einem Artikel im Coaching-Magazin (2010) versucht, einen gemeinsamen Nenner zu formulieren:

- a) Es geht um Leistungen
  b) Es wird eine Optimierung angestrebt
  c) Dies soll sich auf der Verhaltensebene manifestieren
  d) Und zu Top-Ergebnissen führen.

Diese vier Elemente (Leistungen – Optimierung – Verhalten – Ergebnisse) setzen einen einigermassen klaren Rahmen und können als vorläufige Definition dienen. Es gibt jedoch eine ganze Reihe von Autoren, welche andere oder zumindest spezifischere Schwerpunkte setzen. Das nächste Kapitel soll hierzu eine kurze Übersicht schaffen.

4.2. Aktuelle Konzepte und Inhalte

Auffallend ist bei der Sichtung der praxisorientierten Literatur, dass es etliche Autoren gibt, welche zwar Bücher mit dem Titel „Performance Coaching" (oder ähnlich) geschrieben haben, die aber aus meiner Sicht nicht wirklich performancespezifische Inhalte liefern (z.B. Weidenmann, McLeod oder auch Wilson). Vielmehr ist weder bei der Intervention noch bei den Tools eine klare Spezifität erkennbar. Hier könnte der bereits postulierte Aufwertungsaspekt durch den Begriff „Performance" der Grund für die Titelwahl sein.

Auch Dilts (2005) setzt den Schwerpunkt nicht bei der Leistung. Er bezieht sich vielmehr darauf, dass verschiedene Formen von Coaching auf verschiedenen

Ebenen ansetzen (Identität, Verhalten, Fähigkeiten, Überzeugungen) und legt dann fest, dass Performance Coaching dazu dient, eine bestimmte Verhaltensleistung zu erreichen oder zu verbessern. Die beschriebenen Werkzeuge sind dann aber meist allgemein (z.B. Festlegung von Zielen, Ankern) und nicht performance-spezifisch. Einzig die kontrastive Analyse strebt eine differenzierte Arbeit am Leistungsthema an.

Da lässt der Ansatz „Coaching for Performance" von Whitmore (2009) anderes erwarten, was auch durch die Zielsetzung „Coaching is unlocking people's potential to maximise their performance" verstärkt wird. Inhaltlich ist das Spektrum dann aber sehr breit und eher auf die Rollen und Möglichkeiten von Führungskräften ausgerichtet („Leadership for High Performance"), als dass es konkrete Coaching-Methoden oder Werkzeuge aufgreift. Vielmehr beschreibt der Coaching-Pionier sehr vielfältige Interventionsformen (u.a. Assessment, Feedback, Leadership, Lernen, Teamentwicklung), ohne besonderes Gewicht auf Leistung oder Top-Ergebnisse zu legen.

Diesbezüglich werden McMahon und Leimon (2008) konkreter. Sie unterscheiden zwischen „Performance Recovery Coaching" und „Coaching for Excellence". Während ersteres darauf abzielt, die aktuelle Performance zu verbessern, ist das zweite mehrheitlich zukunftsorientiert und dient dazu, dem Individuum zu helfen „to be the best they are able to be". Methodisch fällt dann aber in einem grossen Spektrum von Themen und Ansatzpunkten (von Talent- und Change-Management bis hin zu Delegation und Mitbestimmung) das 6x90-Minuten Performance-Coaching-Modell auf. Beim genaueren Hinschauen wird dann aber klar, dass auch hier lediglich der Name des Tools performance-spezifisch ist.

Diesbezüglich machen nur wenige Autoren eine Ausnahme, eine davon ist Vogelauer (2001). Er beschreibt ein Coaching-Tool für die Arbeit in Richtung „Peak-Experience/Peak Performance". Nach einer inneren Reise zu früheren Erlebnissen, in welchen der Klient eine Spitzenleistung erbracht/erlebt hat, werden im Anschluss die Erfolgsmuster herausgearbeitet und auf schwierige Situationen übertragen. Auch wenn die Einbindung in ein spezifisches Leistungs- oder Leistungsoptimierungs-Modell fehlt, fällt doch auf, dass das Tool explizit Topergebnisse anstrebt.

Ich selbst habe im Coaching-Magazin (2010/2011) neben dem bereits beschriebenen gemeinsamen Nenner einige Tools aufgeführt, welche ich in diesem Buch noch genauer beschreiben werde (siehe „PPP-Tool“, „Benchmarking-Tool“ und „Zielhöhen-Tool“). Auch habe ich auf einzelne Inhalte hingewiesen, welche für mich typisch für Performance Coaching sind wie z.B. Einstellung zur Leistung, innere und äussere Ziele, das individuelle Anspruchsniveau und der Aufwand, der notwendig ist, um die Ziele zu erreichen. Typisch für die meisten praxisorientierten Autoren, welche ihre eigene Coachingtätigkeit reflektieren, systematisieren und dokumentieren, steht klar der Anwendungsaspekt im Zentrum.

Bei den wissenschaftlich orientierten Autoren liegt der Schwerpunkt demgegenüber mehr auf der konzeptuellen und terminologischen Ebene. Zwei Autorengruppen mögen hier als Beispiel dienen. So beschreiben z.B. Jansen, Mäthner & Bachmann (2004) Performance Coaching als leistungsbezogenen Inhalt des Coachings mit dem Ziel, „interaktionale Handlungsstrategien zur Verbesserung der beruflichen Situation zu optimieren“. Auch hier sind die drei Ebenen Leistung, Optimierung und Handlung (Verhalten) enthalten, doch „fehlt“ die explizite Ausrichtung auf Top-Ergebnisse. Dennoch ist die hohe Parallelität zwischen Praxis und Forschung positiv bemerkenswert.

Den kleinen Reigen möchte ich mit Jüster (2003) abschliessen, der sich u.a. mit der Bedeutung des Begriffs „Performance“ auseinander setzt. Jüster thematisiert kurz die Unterschiede zwischen Alltags- und Duden- Übersetzung. Während erstere wohl ganz einfach „Leistung“ lautet, beinhaltet letztere zusätzlich die Leistungsstärke, Dynamik und Handlungsorientierung und bringt so doch eine zusätzliche Tönung mit ein.

Fassen wir praxisorientierte und wissenschaftliche Definitionen, Ansätze und Modelle zusammen, so entsteht ein Gesamtpaket, welches zwar nicht absolut trennscharf, in vielen Punkten aber doch konsistent und brauchbar erscheint. Es mag als zusammenfassende Beschreibung von Performance Coaching dienen:

- Coaching zur Leistungsoptimierung.
- Ansatzpunkt ist das individuelle Verhalten/Handeln.
- Top-Ergebnisse (Excellence) als Hauptziel.
- Ansatzebenen sind Individuum, Team, Führung und Organisation.

Nicht im gleichen Masse klar sind hingegen die methodischen Aspekte sowie die Rolle des Coachs. Ich werde deshalb auf den folgenden Seiten einige noch offene Punkte genauer herausarbeiten und eine grössere Anzahl spezifischer Tools aufführen, so dass auch diese Ebenen an inhaltlicher Klarheit gewinnen.

4.3. Parallelen und Unterschiede zu anderen Coaching-Ansätzen

Performance Coaching ist innerhalb des Feldes „Coaching“ eine inhaltliche Nische und baut damit auf den üblichen Grundsätzen und Prinzipien auf. Richtig oder falsch? Richtig, weil im Performance Coaching wirklich „ganz normal gecoacht“ wird, aber auch falsch, weil die Wurzeln des Performance Coachings stark im Leistungssport liegen – und dort gelten zum Teil nicht die gleichen Grundlagen wie im klassischen (Business- und Life-) Coaching heutiger Prägung. Gerne führe ich dies etwas genauer aus.

4.3.1. Performance Coaching für Individuen

Ein Performance Coaching für eine Einzelperson ist von der Struktur, dem Ablauf und der vertraglichen Situation her 1:1 mit jedem anderen Coaching (z.B. Management-Coaching) identisch. Zwei zentrale Unterschiede kann es aber geben, und zwar bei den Zielen und der Rolle des Coachs.

Im klassischen Coaching wird bezüglich Zielthematik Wert darauf gelegt, dass die Ziele nur vom Klienten kommen können. Ich gehe jedoch davon aus, dass auch andere Business-Coachs dies im Alltag nicht immer genau so erleben. In vielen Unternehmen kann Coaching „verordnet“ werden. Meist wird der „Zwang“ ein Coaching in Anspruch zu nehmen zwar nicht offiziell und formell ausgesprochen, im Hintergrund ist er aber erkennbar. Weiss der Vorgesetzte nicht mehr weiter oder ist das Vertrauensverhältnis gestört, dann heisst es vielerorts schon mal: „Jetzt musst Du dir aber mal helfen lassen." Ich erlebe zudem immer wieder, dass von Seiten der Vorgesetzten auch die Inhalte mitbestimmt werden, bei Führungskräften mit Coaching-Erfahrung geht das manchmal recht weit in die Formulierung von Zielen hinein. Auch im Management-Coaching hat der Coachee also bezüglich der Ziele keine absolute Wahlfreiheit und ist an einen gewissen Rahmen gebunden. Auch die Richtung (nach oben oder unten) und die Höhe der Ziele (wie gut muss es denn sein?) ist relativ klar, wenn die Erwartungen von oben präzise sind, und das erachte ich nicht als negativ.

Im Performance Coaching ist die Situation schon vom Konzept her klar: Es geht um Leistungsoptimierung und (meist) um hohe Ziele. Die inhaltliche Ebene ist also schon im Voraus klar, die Zielrichtung (qualitativer Aspekt) ebenso offensichtlich wie der quantitative Teil (z.B. Vergleich mit den Besten). Die Auseinandersetzung mit der Funktionsweise der Besten bringt fast automatisch eine eingeschränkte Wahlfreiheit mit sich.

Aus der vorgegebenen Zielrichtung ergeben sich auch gewisse Abweichungen von der klassischen Coachrolle. Wie bereits die Zusammenstellung im vorherigen Kapitel aufgezeigt hat, kann der Performance Coach vieles sein: Coach, Mentor, Berater usw. Ist das denn noch Coaching? Auch hier hängt vieles davon ab, wie eng man die Rolle definiert. Auch ich habe einmal gelernt, dass der Coach fragt, keine Ratschläge erteilt, wertschätzt und vieles mehr. Im Businessalltag erlebe ich aber in sehr vielen Coachings, dass der Klient von mir eine grössere Rollenvielfalt wünscht. Er wünscht sich einen Sparringpartner, einen Trainer, einen Berater, einen Pusher, ein Vorbild und anderes mehr. Anspruchsvolle Klienten? Ja. Legitime Wünsche? Ja. Und dann sind wir bei der Gretchenfrage: Soll ich auf diese Erwartungen einsteigen, den Kundennutzen über das theoretisch-methodische Prinzip stellen? Ich finde ja, aber das muss jeder mit sich selbst abmachen. Vielleicht ist Performance Coaching halt dann eher „Coaching plus", damit kann ich gut leben, denn im Zentrum steht für mich per definitionem das Ziel: Leistungsoptimierung.

4.3.2. Performance Coaching für Organisationen

Kann man eine Organisation coachen? Nein, immer nur die Menschen in der Organisation. Performance Coaching in einer Organisation (Unternehmen, Verein, NGO, Verband, Abteilung usw.) ist immer ein Multi-Level-Projekt. Es ist in vielerlei Hinsicht einer Organisationsentwicklung verwandt, welche z.B. von Bowman und Asch als „langfristiges Interventionsprogramm in die sozialen Prozesse von Organisationen unter Verwendung von Prinzipien und Praktiken der Verhaltenswissenschaften mit dem Ziel, Verhaltens- und Einstellungsänderungen herbeizuführen, die zu gesteigerter organisationeller Effektivität führen" definiert wird (1987).

Das deckt sich stark mit der Vorgehensweise beim Performance Coaching auf Organisationsebene. Auch hier gibt es aber – genau gleich wie beim Vergleich zwischen „klassischem" Coaching und Performance Coaching auf individueller Ebene – ein paar Teilaspekte, die zumindest eine spezifische Tönung haben:

- *Ziele:*
  Leistungsoptimierung, -stabilität, -absicherung.
  Top-Ergebnisse als Hauptziel.
- *Thematik:*
  Leistung und Leistungsfaktoren.
- *Vorgehensweise:*
  Vielfältige Interventionsformen (Multi-Level-Ansatz).
  Integration verschiedener Spezialisten.

Auch wenn die Verwandtschaft zur Organisationsentwicklung auf der Hand liegt, erachte ich diejenige zur Kulturentwicklung als mindestens so relevant, weil der organisatorische Aspekt meist nicht im Zentrum der Intervention steht. In Grossunternehmen wird dem Performance Coach in den meisten Fällen nicht die Verantwortung für strukturelle Themen zugeschrieben, so steht der leistungskulturelle Aspekt ganz automatisch im Zentrum. Aber auch in kleinen und mittleren Unternehmungen geht es meist darum, auf vielen Ebenen ein Optimum heraus zu holen und nicht darum, das Unternehmen umzubauen.

4.4. Beispiele aus der Praxis

Drei Beispiele von ganz unterschiedlicher Art sollen im nächsten Abschnitt einen Einblick in den Alltag in Projekten geben. Die jeweiligen thematischen Schwerpunkte sind zwar ebenso unterschiedlich wie die Projektdauer oder die Branche, die Kernelemente eines Performance Coachings (Coaching zur Leistungsoptimierung, Ansatzpunkt individuelles Verhalten, Top-Ergebnisse als Hauptziel und Arbeit auf mehreren Ebenen) sind jedoch stets vorhanden.

4.4.1. Performance Coaching in einem Sport-Verband

Dieses Projekt aus dem Leistungssport ist wohl aus drei Gründen besonders interessant: Erstens dauerte es fünf Jahre (eine phantastische Möglichkeit!), zweitens wurden sowohl die Athleten, wie auch die Trainer und der Betreuerstab involviert (Multi-Level-Ansatz) und drittens wurden erfolgreich eine Vielzahl von Leistungsmodellen integriert.

Vordergründiges Ziel des Coachingprojekts war das Erreichen internationaler Topergebnisse. Diese wurden bereits im ersten Projektjahr erreicht (Weltmeistertitel) und bei den beiden nächsten Weltmeisterschaften wiederholt. Doch von Anfang an waren nicht nur die nächsten Titelkämpfe, sondern auch der Performance-Aufbau ab Stufe Nachwuchs ein integrierter Bestandteil. In der wettkampffreien Zeit (Winter) wurden zudem die Trainer und Betreuer trainiert, so dass über die fünf Jahre hinweg eine ganz neue Kultur im Leistungsbereich dieser Sportart aufgebaut werden konnte.

Bearbeitete Themen waren u.a. Leistung, Anspruchsniveau, Einstellung, Einzel-, Team- und Führungsperformance, Umfeldoptimierung, mentale Stärke, Wettkampfvorbereitung und andere mehr. Dabei wurden die Modelle für sportliche Leistung, Erholung, Einstellung, Ziel, Anstrengung, ILZ und Umfeld verwendet und mit anderen Konzepten und Methoden aus der Sportpsychologie ergänzt (z.B. mentale Stärke).

Die verschiedenen Themen wurden in Teamanlässen erarbeitet (Workshop) und in Einzel- und Teamcoachings individuell reflektiert und vertieft. Dieser Teil wurde von den Athleten bezüglich Rhythmus und Intensität individuell gewichtet und inhaltlich vollkommen selbständig definiert. Gearbeitet wurde dabei stets in halbtägigen Coachings, was eine Bearbeitung der Themen auf dem Detaillierungsgrad zuliess, welcher im Bereich der Weltspitze notwendig ist.

Ergänzend war der Coach vereinzelt in Trainingslagern und an Wettkämpfen präsent, um in der Trainings- resp. Wettkampfsituation als Ansprechpartner zur Verfügung zu stehen und um die Situation der Athleten noch besser kennen zu lernen. Dies ermöglichte auch die zeitnahe Bearbeitung von auftauchenden Fragen, welche bei längerer Wartezeit bis zum nächsten Coaching zumindest teilweise in Vergessenheit geraten wären. Auch wenn Studien zeigen, dass Branchenkenntnisse für den Erfolg eines Coachings nicht zentral sind, diente dieser Teil doch auch dem gegenseitigen Verständnis und förderte das Vertrauen deutlich.

Die Teilnahme des Performance Coachs an Trainingslagern und Wettkämpfen hatte aber noch ein weiteres Ziel: Die Optimierung des Umfelds. Dazu wurden unter anderem Themen wie Informationsaustausch, Teamspirit und positive Stimmung bearbeitet und bei nächstbester Gelegenheit umgesetzt. Als Basis diente dabei das U (Umfeld) im Modell der sportlichen Leistung, die Bearbeitung erfolgte nach dem Beteiligungsansatz.

Fazit: Ein Performance Coaching, welches mit dem breiten Ansatz und der langen Dauer zu guten Resultaten führte (Leistungsoptimierung) und nachhaltige Veränderungen initiierte, welche auch nach Abschluss des Projekts noch wirksam waren (Leistungsstabilität).

4.4.2. Performance Coaching mit einem Geschäftsführer

Dieses regional tätige Unternehmen mit knapp 50 Mitarbeitern hatte seit längerer Zeit Probleme mit dem Output. Der neue Geschäftsführer hatte seine Position vor gut einem Jahr übernommen, doch war es ihm nicht gelungen, positive Impulse zu setzen und die Verkäufe zu steigern. Er hatte zwar viel versucht, doch mit wenig Wirkung was dazu führte, dass der Geschäftsführer zusehends unter Druck geriet. Ein Performance Coaching über ein halbes Jahr sollte deshalb eine neue Dynamik erzeugen.

Das Coaching fokussierte ausschliesslich auf den Geschäftsführer, doch wurden wichtige Leistungsträger (Kader und Mitarbeiter) zu Beginn und gegen Ende des Projekts zwei Mal integriert, um einen Selbst-/Fremdbild-Abgleich vorzunehmen und das bearbeitete Themenspektrum zu erweitern. Dieser Schritt zeigte sich als sehr wirksam: Der Geschäftsführer fühlte sich sicherer, dass er wirklich am richtigen Ort ansetzte und die Mitarbeitenden wurden in ihrer Mitwirkungskraft bestärkt.

Im Zentrum standen in einer ersten Phase eher individuelle Performance-Themen (z.B. Prioritätensetzung, Führung), ab Projektmitte drehte sich das Coaching dann aber vermehrt um die Performance des Teams. Auf individueller Ebene wurden u.a. Einstellung, Ziele und Benchmarking benutzt, um bestehende Fixierungen zu lösen und den Horizont zu erweitern. Für die Performance der Mitarbeitenden wurde dann geklärt, wie der Geschäftsführer Tools für den Aufbau einer Leistungskultur nutzen kann.

Fazit: Ein klassisches Einzel-Coaching mit klarem Leistungsfokus und unter Verwendung verschiedener Performance Coaching-Tools. Die erste Phase, in welcher die Performance des Geschäftsführers im Zentrum stand, schaffte die Grundlage für die zweite, welche sich um die Performance der Mitarbeitenden und des Teams drehte.

4.4.3. Performance Coaching in einer KMU

Dieses ca. einjährige Projekt setzte den Schwerpunkt bei der Performance des Schweizer Ablegers eines internationalen Unternehmens mit Hauptsitz in Übersee. Es beinhaltete Interventionen in unterschiedlicher Form, in kleinen und grossen Gruppen, in ganz unterschiedlichen Settings – aber mit klarem Fokus: Spitzenleistungen erreichen (Leistungsoptimierung).

Die drei hauptsächlichen Interventionen fanden in einem klassischen Multi-Level-Ansatz auf drei Ebenen statt:

a) Kader mit ihrem Team
b) Kader pro Abteilung (in Gruppen)
c) Gesamtkader.

Die inhaltlichen Schwerpunkte lagen bei der Team- und der Führungs-Performance, wo eine Analyse klare Defizite aufgezeigt hatte. Gearbeitet wurde mit einfachen, praxisnahen Modellen wie zum Beispiel den verschiedenen

Leistungsfaktoren (sportliche Leistung), dem idealen Leistungszustand und dem Flow-Konzept. In den verschiedenen Meetings kamen unter anderem die Tools für Leistungskultur und positive Dynamik zum Einsatz. Diese wurden ergänzt durch mehrere spielerische Aufgaben, welche eine intensive Auseinandersetzung mit der Performance auf Teamebene initiierten und den philosophischen Aufhänger für das ganze Projekt bildeten: Leistung mit positiver Dynamik („Spass") kombiniert.

Das Projekt war in drei Phasen aufgeteilt. In der ersten Phase arbeitete ein Spezialist für teamdynamische Aufgaben mit den Teams (inkl. Kader) und legte so im ganzen Unternehmen den Boden für eine positive Entwicklung (Motto: Positive Power. Ziel: Team Performance). In der zweiten Phase reflektierten die Kaderpersonen ihre Führungsrolle und deren Auswirkung auf die Leistungsbereitschaft und -fähigkeit der Mitarbeiter (Motto: So bringen Sie ihre Mitarbeiter zum Fliegen. Ziele: Individuelle Performance und Führungs-Performance). Die dritte Phase des Projekts baute sich rund um einen mehrtägigen Kaderanlass auf, an welchem die organisatorischen Aspekte diskutiert und die Zusammenarbeit im Kaderteam thematisiert wurde (Motto: Ein starkes Ganzes. Ziel: Performance der Organisation). An diesem Grossanlass, welcher als Klausurtagung in den Bergen durchgeführt wurde, wurden die verschiedenen Leistungsebenen (Individuum, Führung, Team, Organisation) dann inhaltlich zusammen geführt und die Konsequenzen für den Alltag erarbeitet. Kombiniert mit der Anwendung von Tools für einen positiven Spirit.

Fazit: Die verschiedenen Anlässe veränderten Einstellung, Verhalten und Kultur in diesem mittelgrossen Unternehmen sichtbar – und zwar schon nach kurzer Zeit. Am Ende überholte aber die Business-Realität das Projekt: Der neue Finanzchef, welcher kurz vor der Klausurtagung aus dem Hauptquartier in den USA in die Schweiz versetzt wurde, setzte andere Prioritäten und stornierte die noch geplanten Anlässe. Dennoch wurde das Projekt von den Beteiligten aus drei Gründen positiv bewertet: Erstens konnten ein klarer Change in Richtung Leistungskultur realisiert werden. Zweitens wurden viele interne Leistungshemmer erkannt und bearbeitet. Und drittens wurde der positive Aspekt der Leistung ins Zentrum gerückt – die Mitarbeiter und Kader erkannten, dass Leistung nicht immer Kampf sein muss, sondern auch „Spass" machen kann.

4.5. Zusammenfassung

Die letzten Seiten haben hoffentlich dazu beigetragen, dass der Begriff Performance Coaching Konturen erhalten hat, denn in einer Zeit, in welcher die Anforderungen von Jahr zu Jahr weiter wachsen, wird das Thema Leistung und damit das Performance Coaching an Bedeutung gewinnen. Dies könnte Motivation genug sein, sich der Weiterentwicklung von Konzepten und Werkzeugen zu widmen. Die nächsten Seiten sollen schon mal einen kleinen Einblick in die Performance Coaching-Toolbox ermöglichen und damit nach dem WAS auch das WIE weiter erhellen.

5. PERFORMANCE COACHING TOOLS

5.1. Einleitung

Für mich sind zwar im Performance Coaching die Haltung, die Inhalte und die Vorgehensweise zentral, aber gute Tools sind natürlich sehr nützlich. Ich habe in vielen Coaching-Prozessen Tools „erfunden“ und diese nach und nach weiter entwickelt, so dass sie auch in einem vergleichbaren Kontext und von einem anderen Publikum benutzt werden können. 15 Werkzeuge für die Arbeit mit Einzelpersonen stelle ich in der nachfolgenden Auflistung in knapper Form vor.

Im Performance Coaching mit Unternehmen sieht die Sache etwas komplizierter aus, da die Vorgehensweise noch vielfältiger ist. Die Tools sind in erster Linie auf die spezifischen Inhalte einer Performance Coaching-Intervention bezogen. Sie sollen dazu beitragen, dass in verschiedenen Situationen und Phasen sowie mit verschiedenen Personengruppen in einem Unternehmen immer auf identische Art vorgegangen wird, dass ähnliche Denk- und Lernprozesse initiiert und gemeinsame Modelle benutzt werden. Wichtige Schritte für eine „unité de doctrine“, ein gemeinsames Verständnis oder eine neue Kultur.

5.2. Tools für das Coaching von Einzelpersonen

Ich verwende im Performance Coaching von Individuen verschiedene Arten von Tools:

- *Modell-Tools:*
  Sie dienen dem tieferen Verständnis von Inhalten und der Klärung von Hintergründen.
- *Development-Tools:*
  Sie sind dazu da, um die Entwicklung in Richtung Spitzenleistung anzuregen, zu ermöglichen oder zu dynamisieren.
- *Planungs- und Verarbeitungs-Tools:*
  Sie machen durch gestalterische und schriftliche Elemente (meist als Hausaufgabe) sichtbar oder greifbar, was abläuft.

- *Psychologische Tests*:
  Sie sind wichtige Helfer zur Erfassung des Ist- und zur Diskussion des Soll-Zustands.

Ich setze Tools sehr intuitiv ein, gehe kaum je in ein Coaching mit der Idee: Da werde ich wieder mal Tool X oder Y anwenden. Auch nehme ich mir die Freiheit, die Tools situativ anzupassen, zu erweitern oder sie nur in Teilen zu nutzen. So bleiben die Werkzeuge – und ich – flexibel. Insgesamt werden Sie feststellen, dass die aufgeführten Tools unspektakulär sind – einfach ganz normale Coaching-Tools. Sie passen zu meinem Coachingstil, zu meiner Person, zu meinem Verständnis von Top-Leistung. Sie sind wohl eher kopf- als bauchlastig, weil ich denke, dass die Orientierung hin zur Spitzenleistung zu aller erst ein innerer Prozess und in zweiter Linie ein „way of life“ ist. Ab und zu haben sie eine leicht spielerische Komponente, sind auf der anderen Seite aber auch sehr fordernd.

Es liegt mir schon nur aufgrund dieser persönlichen Selektion fern, die aufgeführten Tools als „die einzig richtigen Performance Coaching-Tools“ zu deklarieren. Sicher gibt es von vielen Coachs weltweit eine ganze Reihe anderer, ebenso der Performance-Steigerung dienliche Tools. Die Liste erhebt also nicht den geringsten Anspruch auf Vollständigkeit. Sie soll einfach ermöglichen, ein paar konkrete Arbeitswerkzeuge kennen zu lernen.

5.2.1. Modell-Tools

5.2.1.1. Das PPP-Tool

Ein gutes Beispiel für ein Modell-Tool ist das Peak Performance Potential Tool (PPP-Tool). Es ist so breit gefächert und vielfältig verwendbar, dass es genügend Stoff für ein längeres Performance-Coaching bietet. Es besteht aus einem Themenraster mit sechs Ober- und jeweils vier Unterthemen (siehe Abbildung).

Das Spezielle am PPP-Tool ist, dass es stilmässig ganz unterschiedlich verwendet werden kann: Von spielerisch bis testgestützt, in der Komplett- oder der Teilform, vergleichend (mit den Besten) oder rein auf den Klienten ausgerichtet: Alles ist möglich und macht Sinn.

Bei der Auswahl der Themen wurde darauf Wert gelegt, dass es sich nicht um sport-, sondern um arbeitsbezogene Faktoren handelt. Die thematische Breite ermöglicht sowohl einen Überblick über wichtige Faktoren zum Erbringen von Spitzenleistungen, als auch eine vertiefte Bearbeitung einzelner Themen.

Die sechs Themenkreise im PPP-Tool wurden terminologisch so benannt, um eine möglichst hohe Kompatibilität mit den Skalen der beiden Fragebogen LMI und AVEM zu erreichen (Beschreibung siehe „Psychologische Tests"). Die Nähe zu den beiden psychologischen Testverfahren lässt eine Überprüfung verschiedener Unterthemen mit Hilfe der beiden Tests zu. Aber ob mit oder ohne Testunterstützung: Entscheidend ist, dass 24 Faktoren benannt werden, welche für die Erbringung von Spitzenleistungen von Bedeutung sind:

Die sechs PPP-Themen und die 24 Unterthemen:

Themen	**Unterthemen**
Einstellung	Eigenverantwortung / Erfolgsorientierung Positivismus / Erfolgszuversicht
Lernbereitschaft	Positive Unzufriedenheit / Anspruchsniveau Perfektionismus / Umgang mit Schwächen
Ziele	Zielhöhe / Zielfokus Zielklarheit / Zeithorizont
Motivation	Wichtigkeit / Handlungsorientierung Beharrlichkeit / Störbarkeit
Innere Kraft	Wettbewerbsorientierung / Schwierigkeits-präferenz / Furchtlosigkeit / Verausgabungs-bereitschaft
Störbarkeit	Flow / Resignationstendenz Belastungsbewältigung / Gelassenheit

Wer nicht das gesamte Themenspektrum bearbeiten will, kann durch eine Priorisierung der Themen eine Auswahl treffen oder je nach Klient und Setting auch spielerisch vorgehen (z.B. würfeln).

Die Bearbeitung der Themen kann danach in vier Phasen erfolgen: Fragen und vergleichen, Unterschiede herausarbeiten, Bewertung der Unterschiede und schliesslich Definition der Konsequenzen. Damit dies gelingt, müssen die Unterthemen in ihrer inhaltlichen Abgrenzung klar und deren Bedeutung für die individuelle Leistung im Detail verstanden sein.

5.2.1.2. Das doppelte Viereck

Während das PPP-Tool ganz klar auf Leistungsoptimierung ausgerichtet ist, ist das doppelte Viereck mehr ein Absicherungstool. Es soll deutlich machen, dass für gute Performance eine systemische Perspektive hilfreich ist, welche verschiedene Lebensfelder mit einbezieht. Basis- und Anknüpfungspunkt ist das den meisten Klienten bekannte Work-Life-Balance-Konzept. Dieses wird zu einem grösseren Ganzen ausgebaut, in welchem sich der Einfluss verschiedener wichtiger Elemente gut erkennen und bearbeiten lässt. Das Modell sieht bildlich folgendermassen aus:

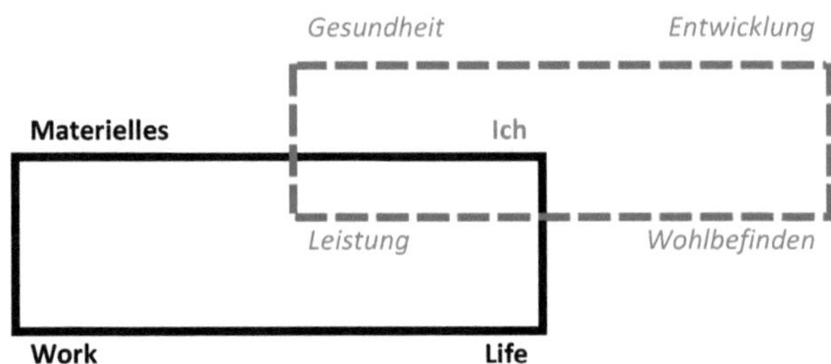

Das untere, schwarze Viereck bildet die strukturelle Basis. Es geht nicht nur darum, das Arbeits- und Privatleben in eine gute Balance zu bringen (was ja im Berufsalltag oft eine Frage der knappen Zeit ist), sondern auch darum, genügend Zeit für das Ich (meine ganz persönlichen Bedürfnisse und Interessen) zu schaffen. Im Laufe der Jahre habe ich dann noch die materielle Ebene dazu genommen (ein Haus bauen, ein Segelboot besitzen usw.), da sich dieser Themenkreis in vielen

Gesprächen als wichtige und eigenständige Dimension erwiesen hat. Die Kernfrage lautet dann: Was muss/soll in einem Leben Platz finden?

Das zweite, gestrichelte Viereck befasst sich dann mit einigen notwendigen Voraussetzungen, damit diese vielfältigen Strebungen auch erreichbar sind. Die vier Faktoren drehen sich um den Punkt „Ich“ und machen deutlich, dass es zum Erreichen der vielfältigen Ziele Performance (z.B. für berufliche Schritte), Wohlbefinden (um langfristig engagiert dran zu bleiben), Gesundheit (die nötige Energie) und Entwicklung (fachlich und persönlich) braucht. Dies ist insbesondere darum wichtig, weil die beiden Vierecke miteinander verbunden sind und so jeder Faktor den andern beeinflusst. Gesundheitliche Probleme z.B. wirken sich auf Beruf, Privatleben und ev. auch auf die materielle Ebene aus. Wenn's privat nicht klappt, sind auch die andern Bereiche tangiert.

Ich erlebe und nutze dieses Modell jeweils, um zu Beginn eines Performance Coachings bewusst zu machen, dass sich die verschiedenen Aspekte gegenseitig beeinflussen. Dabei verwende ich je nach Situation auch Varianten wie das doppelte Dreieck (ohne Materielles und Entwicklung). Natürlich lassen sich auch andere Vielecke kreieren.

5.2.1.3. Zusammenfassung Modell-Tools

Die Erfahrung zeigt: Viele an Leistung interessierte Personen haben kein klares Konzept, was es braucht, um gute Leistungen zu erbringen. Sie arbeiten einfach hart, setzen sich ein, wollen vorwärts kommen. Einfache, verständliche Modelle können hier helfen, das Thema einzuordnen, sich ein Bild zu machen. Ich habe mit vielen Menschen, mit denen ich gearbeitet habe, auch Jahre nach dem Coaching noch sporadisch Kontakt und oft höre ich: „Dieses und jenes Modell hat mir sehr geholfen – ich nutze es immer noch“. Da bleibt aber immer noch die Frage zu klären, ob das Modell wissenschaftlich fundiert sein muss, oder ob es auf die Voraussetzungen und die Terminologie des Klienten abgestützt werden soll. Als Coach, der viel mit den Bildern und Worten des Klienten arbeitet, der diese aufgreift, weiter verwendet und konsequent integriert steht mir Letzteres näher. Für mich selbst ist es aber wichtig, ein fundiertes Konzept im Hintergrund zu haben.

5.2.2. Development-Tools

5.2.2.1. Einstellungs-Benchmarking

Wir haben bereits im Abschnitt „Leistung und Einstellung“ die Wichtigkeit dieses Teilaspektes thematisiert. Für viele Menschen ist zwar nachvollziehbar, dass eine positive Einstellung die Leistung beeinflusst, u.a. auch darum, weil dieses Faktum heute in fast jeder TV-Sportsendung angesprochen wird. Welche Einstellung ideal sein könnte, ist jedoch vielen Menschen nicht klar. Hier kann das Einstellungs-Benchmarking Abhilfe schaffen. Es kann auf zwei Arten verwendet werden: strukturiert (analog einem strukturierten Interview) und unstrukturiert (analog einem Brainstorming).

Bei beiden Varianten liegt die Aufgabe darin, sich mit den Einstellungen (Haltungen/Philosophien/Ansichten/Prioritäten) von Spitzenleistern auseinander zu setzen. Dazu bieten Bücher und Zeitschriften, Zeitungen und TV-Interviews gute Ansätze. Dabei können sowohl Topshots aus beruflich verwandten Gebieten, wie auch solche aus ganz anderen Feldern interessant sein. Mit grosser Wahrscheinlichkeit werden sich Parallelen herausarbeiten lassen, weil sich in punkto Einstellung Spitzenköche und -sportler, Topmanager und -musiker sehr ähnlich sind.

Der Vorteil der unstrukturierten Analyse durch den Klienten liegt darin, dass es so leichter ist, gute Beispiele und Zitate zu finden. Für die weitere Bearbeitung kann jedoch eine strukturierte Suche hilfreich sein. Vier Teilkapitel stehen dabei im Zentrum:

- *Einstellung zum Erfolg:*
  Welche Ziele setzt sich dieser Spitzenleister?
  Was bedeutet ihm Erfolg?
  Was wollte er immer erreichen?
- *Einstellung zur Arbeit:*
  Wie wichtig ist die Freude an der Arbeit?
  Welche Priorität stellt sie für ihn dar?

- *Einstellung zur Leistung:*
  Wie viel investiert er in die Arbeit?
  Ist die Einstellung positiv?

- *Einstellungen allgemeiner Art:*
  z.B. „Alles ist möglich“

Diese spezifische Aufteilung kann aber ggf. auch mit den unstrukturiert erfassten Zitaten erfolgen. Anschliessend findet im Gespräch die Auseinandersetzung mit den Pros und Contras, den Vor- und Nachteilen statt.

5.2.2.2. Zielhöhen-Tool

Dazu braucht es eine grössere Menge an Jenga-Hölzern oder irgendwelchen Bauklötzen. Daraus soll der Klient in drei Minuten auf einem Tisch einen Turm bauen (ohne weitere Vorgaben des Coachs!). Danach steht das Gespräch über die kurzfristig gesetzten Ziele, das erreichte Ergebnis, das „theoretisch“ Mögliche im Zentrum (kann vorher als Benchmark evaluiert werden). Dieses kleine, spielerische Tool bietet hervorragende Ansatzpunkte für das Gespräch über die Funktionsweise des Klienten bezogen auf Ziele. Wertvolle Fragen können z.B. sein:

- Wieso haben Sie sich so hohe/niedrige/gar keine Ziele gesetzt?
  Wie typisch ist diese Zielhöhe für Sie?

- Welche Zielhöhe würden absolute Top-Leister bevorzugen?
  (ev. Bezug zu Einstellungs-Benchmarking)

- Welche Bedeutung haben kurzfristige/selbst gesetzte/externe Ziele für Sie?

Dieser Prozess ist immer wieder anregend und durch den spielerischen Einstieg auch ganz gut für eine neutrale Perspektive.

5.2.2.3. Weg-Ergebnis-Feeling-Visualisation

Eine Form von Visualisation, die mit zahlreichen Schwerpunkten angewendet werden kann. Basis ist immer ein einfaches dreistufiges Modell des mentalen Trainings:

- *Inhaltliche Klärung:*
  Die Basis! Erst wenn ganz klar ist, WAS man visualisieren will, wie der angestrebte Zustand aussehen soll, kann mit Phasen 2 und 3 begonnen werden. Bei komplexeren Themen unbedingt die schriftliche Form wählen, denn das nachfolgende mentale Probehandeln wirkt (auch wenn etwas Falsches programmiert wird).
- *Entspannung*:
  Es braucht nicht unbedingt eine spezifische Entspannung, sondern einfach ein innerliches und äusserliches zur Ruhe kommen. Augen schliessen, langsam und kontrolliert ausatmen, sich Zeit lassen. Natürlich kann auch eine Methode wie das Autogene Training oder die Jacobson-Entspannung eingesetzt werden. Ziel: entspannte Fokussiertheit.
- *Visualisierung:*
  Präzise, lebendige Vorstellung des Idealzustands (siehe Varianten).

Inhaltlich ziehe ich die kombinierte Form „Weg-Ergebnis-Feeling“ einer Teilversion (z.B. nur Ziel oder nur Weg dorthin) vor. Sie kombiniert die zu leistenden Schritte, das erwünschte Ergebnis und das Feeling beim Erreichen des Endresultats.

5.2.2.4. Ritual-Simulation

Dies ist ein Tool mit Wurzeln im Leistungssport, ist aber im Business-Alltag genau gleich nützlich. Als Ausgangsbasis können Rituale im Sportbereich zitiert werden, welche der Stabilisierung der Leistung dienen (also ein Stabilisierungs-Tool). Beispiele aus bekannten Sportarten sind:

- *Tennis:*
  Vorbereitungsritual vor jedem Schlag resp.
  Ritual nach jedem abgeschlossenen Ballwechsel

- *Golf:*
  Vorbereitung auf jeden Schlag

- *Ski Alpin*:
  Mentale Vorbereitung auf das Rennen (Visualisierung)

- *Fussball:*
  Vorbereitung auf Elfmeter

Während die Tennis-, Fussball- und Golfrituale nur je 10-30 Sekunden in Anspruch nehmen, ist das Skiritual aufwendiger (inkl. Aufwärmgymnastik etc. vielleicht 30 Minuten).

Das Ritual-Tool sensibilisiert auf die Vorteile, welche Rituale in unserem Alltag bringen können und hilft dabei, diese sinnvoll einzubauen. Mit gefällt dieses Tool vor allem in der spielerischen, sportnahen Anwendung. Sowohl die Tennis-, die Golf- wie auch Fussballsituation lässt sich mit wenig Materialaufwand fast 1:1 simulieren, danach bearbeiten und schliesslich in den Berufsalltag transferieren.

- *Phase 1: Simulation*
  Versuchen Sie ein eigenes, situativ und individuell passendes Ritual zu kreieren. Führen Sie die Bewegungsaufgabe (Service im Tennis o.ä.) wirklich aus. Skalieren Sie dabei immer wieder, wie sicher/stabil sich das anfühlt, bis dass Sie einen guten Level erreicht haben.

- *Phase 2: Reflexion*
  Wie sieht der äusserlich sichtbare Ablauf aus?
  Welche Gedanken sind passend/hilfreich?
  Wie sieht die Körpersprache aus?
  Wie ist das Aktivierungsniveau (ILZ)?

- *Phase 3: Transfer*
  In welchen Situationen kann ich ein 10-30 Sekunden-Ritual gebrauchen?
  Wie müsste es genau aufgebaut sein?

Im Business-Alltag eignen sich für Rituale alle Tätigkeiten, welche in einer gewissen Häufigkeit wiederkehren wie z.B. Sitzungen, Präsentationen, Gespräche aber auch diverse administrative Aufgaben.

5.2.2.5. Zusammenfassung Development-Tools

Die vier Development Tools helfen bei der Bearbeitung wichtiger Themen im Performance Coaching. Sie beinhalten spielerische wie auch kognitive Elemente und nutzen einfache, überall vorhandene Hilfsmittel. Sie können und sollen adaptiert und weiter entwickelt werden.

5.2.3. Planungs- und Verarbeitungs-Tools

5.2.3.1. V-Z-A

Voraussetzung für die Arbeit mit dem V-Z-A-Tool (Vision – Ziele – Aktionen) ist eine vorausgegangene Arbeit an der persönlichen Vision. Es eignet sich vor allem für Klienten, welche es gewohnt sind, sehr strukturiert zu denken und zu arbeiten. Das Tool macht drei nützliche Schritte im Vorgehen sichtbar: Zuerst kommt die langfristige Vision (wo ich hin will), dann werden die konkreten Zwischenziele gesteckt und schliesslich folgt der Aktionsplan. So kann u.a. aufgezeigt werden, dass es sinnvoll ist, von langfristig über mittel- hin zu kurzfristig zu denken (rückwärts). Dies kann dann in etwa folgendermassen aussehen:

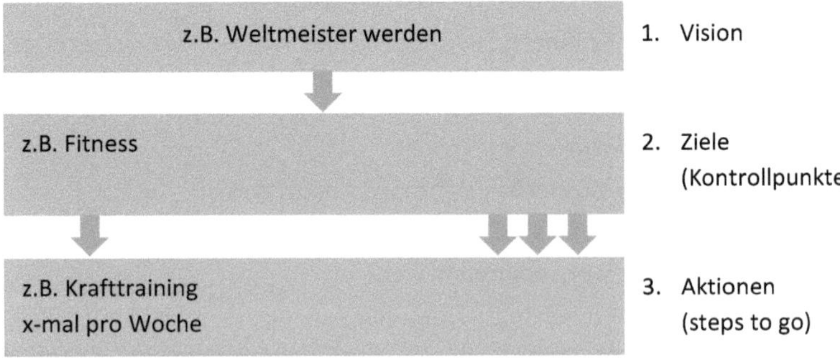

Zentral ist, dass am Anfang die Ausarbeitung der Vision steht. Ist diese ausformuliert, kann mit der systematischen Vertiefung weiter gearbeitet werden. Die Arbeit auf der Ebene der konkreten Ziele hat meist zwei Etappen: Zuerst wird festgelegt, welche Teilbereiche abgedeckt werden müssen. Dazu lässt sich V-Z-A gut mit dem doppelten Viereck oder dem K-TT-M-U-Modell (siehe Abschnitte „Doppeltes Viereck“ und „Sportliche Leistung“) verbinden, doch kann auch eine Aufteilung mit den Inputs des Klienten vorgenommen werden. Danach werden für jeden dieser Bereiche ganz konkrete Zwischenziele formuliert – eine anspruchsvolle Etappe, die oft auch ausserhalb der Coaching-Stunden stattfindet (braucht viel Zeit für Klärung und Formulierung). Sind die Ziele geklärt, was immer auch einen Check von Vollständigkeit und Realisierbarkeit beinhalten sollte, folgt Etappe drei: Für jedes Ziel wird definiert, welche konkreten Schritte eingeleitet und realisiert werden müssen, damit das Ziel erreicht werden kann.

Ich habe oft die Erfahrung gemacht, dass die Klienten hier zum ersten Mal erkennen, was es heisst, diesen Weg zu gehen, diese Ziele anzustreben, diese Vision realisieren zu wollen. Die Erkenntnis, dass es VIEL zu tun gibt, wenn man die eigene Performance deutlich erhöhen will, kann im Moment schockierend oder demotivierend sein. Gleichzeitig ergeben sich hier aber auch wichtige Gesprächs-Ansatzpunkte, z.B. für die Bearbeitung von inneren und äusseren Widerständen.

Insgesamt bietet V-Z-A für Menschen, die gerne denken, strukturieren und planen eine gut visualisierte Möglichkeit, eine Langfristreflexion und -planung des eigenen Lebens resp. der eigenen Leistungsentwicklung vorzunehmen. Der grösste Teil der Arbeit findet dabei ausserhalb der Coachings statt. Insgesamt zwei bis drei gemeinsame Meetings sind aber für die Erarbeitung der Grundstruktur und das Finden der passenden Formulierungen ein Must.

5.2.3.2. Ziel-Synchronisation

Dieses Tool kann in Phase 2 im V-Z-A-Prozess oder in Zusammenhang mit dem doppelten Viereck eingesetzt werden, lässt sich aber auch isoliert verwenden.

Es hilft, eine der grössten Herausforderungen in den meisten Performance Coaching-Projekten zu lösen: das Handling der Komplexität. Für viele an Spitzenleistungen Interessierte ist es schwierig, die verschiedenen Lebensbereiche (Beruf und Familie, eigene Interessen, Gesundheit, Freunde) gut zu koordinieren. Es kann sinnvoll sein, die Synchronisation bereits auf der Ebene der Ziele zu versuchen und nicht erst auf der Ebene der Aktionen.

Es gibt verschiedene Varianten, dies zu tun. Ich selbst verwende gerne Elemente aus Moderation, Priorisierung und Reframing und kombiniere diese miteinander. Dies kann folgendermassen aussehen: Sind die Ziele einmal formuliert, wird jedes Ziel auf eine Papierkarte geschrieben (ein Ziel pro Karte). Diese werden dann ausgelegt oder aufgehängt. Zweiter Schritt ist die Priorisierung oder zumindest Gewichtung der verschiedenen Ziele, was sich z.B. mit Aufhängen in unterschiedlicher Höhe oder Gruppierung in Prioritätengruppen machen lässt. Am Ende wird dann noch die endgültige Synchronisation vorgenommen. Dazu wird aus den verschiedenen Einzelzielen ein Ziel formuliert, welches alle Teilziele beinhaltet. Dies kann z.B. folgendermassen aussehen:

<table>
<tr><th>Teilziele</th><th>Synchronisiertes Gesamtziel</th></tr>
<tr><td>Erfolgreicher Abschluss des MBA</td><td rowspan="4">Ich schliesse mein MBA erfolgreich ab und steige danach innerhalb von 2 Jahren in die Direktion auf. Während und nach der Ausbildung jogge ich mindestens zwei Mal pro Woche. Auch reserviere ich während der Woche einen Abend sowie den Sonntag ganz für gemeinsame Zeit mit der Partnerin.</td></tr>
<tr><td>Aufstieg in das obere Kader</td></tr>
<tr><td>Genügend Zeit für Partnerschaft (beide zufrieden)</td></tr>
<tr><td>Regelmässig Joggen</td></tr>
</table>

Die Synchronisation erfolgt nach dem „Sowohl-als-auch“-Denkmuster. Zuerst werden die verschiedenen Ziele Schritt für Schritt umgebaut, bis schlussendlich eine Zielformulierung vorliegt, welche in sich schlüssig und harmonisch ist. Eine finale Skalierung kann als Qualitätsabsicherung eingesetzt werden.

5.2.3.3. Performance-SWOT

Die SWOT-Analyse ist wohl jedem bekannt, der einmal einen Management- oder Strategie-Kurs besucht hat. In einem Vier-Felder-Schema werden die Stärken (strenghts), Schwächen (weaknesses), Chancen (opportunities) und Bedrohungen (threats) aufgeführt. Ich verwende dieses Schema leicht variiert, z.B. dann, wenn Unsicherheiten und Befürchtungen auftauchen, ob es denn möglich sei, ein hoch gestecktes Ziel zu erreichen. Folgende SWOT-Variante kann dann passend sein (Performance-SWOT):

Stärken	**Entwicklungsbereiche**
Leistungsförderer	**Leistungshemmer**

Meist ergibt diese kleine Analyse bereits einen guten Fundus an Aspekten, die in der anschliessenden Gesprächsrunde angegangen werden können. Manchmal kann auch die Frage interessant sein, aus welchen Themenfeldern die genannten Punkte stammen. Es gibt dabei natürlich viele mögliche Aufteilungen. Einfach und vielseitig verwendbar sind für mich z.B. folgende Kategorien:

- *Stärken/Entwicklungsbereiche:*
  a) Körperlich/Fachlich/Mental/Umfeld/Material
  b) Doppeltes Viereck
  c) Kompetenzen (Selbst-/Sozial-/Führungs-/Methoden-/Fach-Kompetenz)
- *Leistungsförderer und –hemmer:*
  a) Individuum: Einstellungen (Haltungen, Werte, „mind set“)
  Verhaltensweisen
  b) System: Privates Umfeld
  Berufliches Umfeld

Die Performance-SWOT liefert in kurzer Zeit eine Fülle von Material und kann in Verbindung mit anderen Modellen sehr hilfreich sein.

5.2.3.4. Regenerations-Planung

Dieses Tool ist die Vorstufe der Multiplen Periodisierung, kann aber auch ganz unabhängig davon genutzt werden. Basierend auf der Erfahrung, dass viele Menschen in anspruchsvollen Jobs zu wenig Regenerationszeit haben, hilft dieses Tool bei der Planung und Umsetzung. Es verwendet einen Top-Down-Ansatz (von gross zu klein) und ist gedacht für die Planung des Folgejahres. Die Aufgabe für den Klienten besteht darin, ein in punkto Regeneration (damit Top-Leistungen überhaupt möglich sind) optimales Jahr zu planen. Grundlage dafür ist, dass im Coaching das Thema bereits angesprochen wurde. Auch sollten die verschiedenen konkreten Möglichkeiten diskutiert worden sein. Dies verlangt allenfalls nach einem Input im Rahmen des Performance Coaching-Prozesses, denn es macht wenig Sinn systematisch zu planen, wenn die Inhalte fehlen.

Die Erholungsplanung erfolgt auf den vier Ebenen Jahr, Monat, Woche und Tag und kann dann in etwa folgendermassen aussehen:

Jahr	2 x 2 Wochen Ferien im Sommer und Winter Verlängertes Weekend im Frühjahr und Herbst
Monat	1 Wellness-Weekend pro Monat mit der Partnerin (Freitag- bis Sonntagabend) Sonntag ohne E-Mail/Handy
Woche	Zwei Abende ab 19 Uhr zu Hause, einer davon allein (ohne E-Mail/Handy)
Tag	Abschaltritual beim Heimkommen Täglich 6-8 Stunden Schlaf Abends nach 21 Uhr Handy ausschalten Abends nach 21 Uhr keine E-Mails mehr

Im Anschluss daran wird die Agenda (z.B. in Outlook) entsprechend strukturiert, die Termine werden eingetragen. Dabei ist stets das Ziel, dass die Planung zu 80-90% umgesetzt werden kann (Ausnahmen bestätigen die Regel). Der Anspruch, dass es nun IMMER möglich sein sollte, die geplanten Massnahmen zu realisieren, ist m.E. eher heikel und verursacht mehr Druck und Frust, als dass es bei der

Optimierung des Lebens in Richtung „Top-Leistung nur bei genügend Erholung" hilft.

5.2.3.5. Multiple Periodisierung

Die multiple Periodisierung baut auf dem soeben besprochen Tool auf, integriert drei mögliche Leistungsaspekte, wie wir sie im Kapitel „Leistungsoptimierung" besprochen haben: Leistungsoptimierung, -stabilisierung und -absicherung. Unter diesen Punkten werden dann jeweils verschiedene relevante Aspekte und Themen aufgelistet, welche für den jeweiligen Punkt von Bedeutung sind. Dies können zum Beispiel sein:

- *Optimierung:*
  a) Körperliche Fitness
  b) Einstellung
  c) Umfeldgestaltung
  d) Weiterbildung
- *Stabilisierung:*
  a) Erholungsplanung
  b) Nach jeder Stress- eine Entspannungsphase
- *Absicherung:*
  a) Schlaf
  b) Ernährung

Die vorliegende Auflistung ist natürlich weder zwingend noch vollständig, soll einfach einen Einblick in mögliche Inhalte geben. Diese hängen stark davon ab, welche Themen im Coaching bereits besprochen wurden, welche Modelle verwendet werden u.a.m. Die besondere Stärke des Periodisierungs-Tools liegt darin, dass der Fokus nicht einseitig auf eine permanente Optimierung gelegt wird, sondern die Stabilisierung und Absicherung im gleichen Mass berücksichtigt. Dies kann helfen, den allenfalls vorhandenen inneren Druck (möglichst schnell möglichst weit kommen) etwas abzubauen. Zudem ermöglicht es eine realistischere Einschätzung der Möglichkeiten und Grenzen der Entwicklung.

5.2.3.6. Yes I can

Dieses kleine Tool kann sehr wert- und kraftvoll sein, dabei besteht es nur aus weissen Seiten! Kaufen Sie in einem Schreibwarengeschäft oder Warenhaus ein kleines Buch mit leeren Seiten. Ich selbst bevorzuge die etwas schöner aufgemachten, gebundenen Bücher, doch kann es natürlich auch ein Schreibheft sein.

Das leere Buch kann mit „Yes I can“ oder „Erfolgs-Tagebuch von XY“ angeschrieben werden. Und das gehört rein: Jeder kleine Schritt vorwärts in die gewünschte Richtung, Fortschritte und noch so kleine Zwischenerfolge, positiv Erlebtes usw. Ganz wichtig ist aber: Absolut keine Misserfolge, Rückschritte oder Stillstände. In dieses spezielle Tagebuch gehörten NUR positive Entwicklungen. Dabei ist es ganz wichtig, dass Sie auch ganz kleine Schritte aufführen, denn es geht bei diesem Tool ganz zentral auch darum, den Fokus hin zur Entwicklung zu lenken. Vorschlag: Jeden Abend vor dem Schlafen gehen ein paar Minuten investieren – und mit diesen angenehmen Gedanken einschlafen.

5.2.3.7. Hall of fame / Walk of fame

Waren Sie schon mal in Los Angeles auf dem „walk of fame“, dem Strassenstück, auf welchem Leute aus Film, Musik, TV, Radio und Theater verewigt sind, die es zu was gebracht haben? Oder werden Sie mehr von einer „hall of fame“ angezogen, die es für erfolgreiche Golfer, Eishockeyspieler, Basketballer oder Tennisspieler gibt? Das Prinzip ist immer das Gleiche: Hier sind die Besten der Besten vereint, ein riesiges Potenzial an Kompetenz, Erfahrung und Know-how – davon sollten wir profitieren. Das kann z.B. so gehen:

- Stellen Sie ihre ganz persönliche „hall of fame“ zusammen
  (kann auch Business/Politik/Sport/Kunst gemischt sein)
- Was hat diese Person erreicht, das Sie auch erreichen möchten?
  Was ist es, was diese Person zum Erfolg geführt hat?
- Tragen Sie die verschiedenen Kompetenzen, Stärken und Erfolgsfaktoren zusammen. Machen Sie sie auf einer Pinnwand oder einem Poster sichtbar. Dabei sollten aber nicht mehr die Personen, sondern deren Kompetenzen im Zentrum stehen.

Der Vorteil von bekannten Personen ist, dass es oft eine Biographie über sie gibt. Besonders hilfreich sind dabei die Bücher, welche die Personen selbst (mit-) geschrieben haben, denn hier erfahren wir meist mehr über Einstellungen, Lebensweise, Prioritäten und Umfeld. Dies kann zur Anreicherung der gesammelten Substanz viel beitragen.

Ein schöner Abschluss dieser Übung kann es sein, den eigenen Stern für den „walk of fame“ zu kreieren. Was werden Sie leisten, um diesen Stern zu erhalten? Wodurch werden Sie sich auszeichnen? Wofür werden Sie einmal als gutes Beispiel dastehen? Kreieren Sie ein kraftvolles Bild, vielleicht auch ganz real (also aufgehängt in einem Bilderrahmen o.ä.). Dieses Bild kann durchaus auch als Vision für das Tool V-Z-A verwendet werden.

5.2.3.8. Umfeld-Moderation

Dieses Tool kann einerseits mit einer Pinnwand (Metaplan-Wand) genutzt werden, es ist aber noch wirkungsvoller, wenn der Raum genutzt werden kann. Zuerst werden die verschiedenen Teile des (persönlichen und/oder beruflichen) Umfelds definiert und ihnen je ein Ort zugewiesen (Feld auf der Pinnwand, Stuhl im Raum, Teile einer Wand usw.). Diese werden beschriftet („Titelblätter“ z.B. gelb). Danach wandert der Klient von Umfeld zu Umfeld, und füllt die jeweiligen Bereiche mit den Personen, die darin wichtig sind (z.B. Team: Chef, Tischnachbar). Dazu verwendet er z.B. weisse Blätter. Anschliessend werden diesen Personen auch noch erlebte Funktionen/Wirkungen zugeschrieben (was bringt er Positives/Negatives resp. wo fördert/bremst er meine Leistungsfähigkeit). Für diese dritte Etappe werden z.B. grüne (für positive Faktoren) und rote (für negative Faktoren) Blätter verwendet. Wichtig ist, dass der Klient ganz frei zwischen den Bereichen hin und her geht, den momentanen Gedanken folgt.

Danach folgt Phase 2, in welcher mit den verschiedenen Blättern gearbeitet wird. Wie so oft gibt es dabei verschiedene Varianten:

- *Variante 1: Arbeit auf Ebene der Umfeldbereiche (gelb)*
  Priorisierung der Bereiche nach Wichtigkeit/Einfluss oder Zuteilung von „Zeiteinheiten“ auf die Bereiche

- *Variante 2: Arbeit auf Ebene der Personen (weiss)*
  Welches sind die wichtigsten Personen (key player)?
  Wie können diese „gepflegt" werden?
  Zu welchen Personen ist der Kontakt ein Must, zu welchen „nice to have"?
- *Variante 3: Arbeit auf Ebene der Funktionen/Auswirkungen (grün/rot)*
  Wie können die roten Karten eliminiert werden (Aktionsplan)?
  Was können wir aus den grünen Karten lernen?

Hilfreich bei allen Varianten ist eine gute Visualisierung der Karten. Eine Fotografie des Bildes kann die spätere Verarbeitung erleichtern.

5.2.3.9. Zusammenfassung Planungs-Tools

Top-Leistungen zu erbringen ist nicht nur ein Knochenjob (fragen Sie doch mal einen Sternekoch), sondern auch eine komplexe Materie. Es gilt viele Faktoren zu berücksichtigen, die kurz-, mittel- und langfristige Perspektive zu integrieren, den Menschen als bio-psycho-soziales Ganzes zu betrachten, das private wie auch das berufliche Umfeld zu beachten. Dazu kommen die verschiedenen Kompetenzebenen (Selbst-/Sozial-/Führungs-/Methoden-/Fachkompetenz) und die vielfältigen spezifischen Anforderungen der Umgebung. Vielleicht macht diese unvollständige Aufzählung klar, wie anforderungsreich es ist, top zu werden.

Für mich heisst es aber auch, dass durch die hohe Komplexität der Materie die Prinzipien der Visualisierung und der Schriftlichkeit wertvoll sind, sonst gelingt es nur schwer, die Übersicht zu erreichen und zu behalten. Die Planungstools sind für mich deshalb wichtige Hilfsmittel, die aber je nach Klient eventuell stark angepasst werden müssen. Wer in akademischen Kategorien denkt und als Chef-Stratege in einem Grossunternehmen tätig ist, der wird leicht auch komplexe Modelle erfassen und bearbeiten können (was leider noch nicht heisst, dass es dann auch mit der Umsetzung klappt). Für Personen mit einem weniger strukturierten Background kann es hilfreich sein, nur die Oberkategorien zu verwenden. Als Zielgrösse kann betrachtet werden, dass der Klient nach Anwendung des Planungstools das Gefühl hat: Jetzt sehe ich das Ganze, jetzt habe ich den Überblick, jetzt stehe ich über der Sache (Kontrollüberzeugung). Ist das Gegenteil der Fall (Verwirrung, Verunsicherung) sollte die Komplexität reduziert werden.

5.2.4. Psychologische Tests

5.2.4.1. AVEM

Dieser Test erfasst die arbeitsbezogenen Verhaltensweisen und Erlebensmuster bei der Bewältigung von Arbeitsaufgaben (AVEM). Er wird oft in einem gesundheitspsychologischen Kontext verwendet, um Risikofaktoren frühzeitig zu erkennen und adäquat darauf zu reagieren. Im Performance Coaching interessieren aber weniger die Risikofaktoren (z.B. Perfektionismus als Risikofaktor für Burnout) und die im Test definierten Risikomuster (von Selbstüberforderung bis Schonung), auch wenn diese zur Absicherung der langfristigen Leistungserbringung durchaus auch wertvoll sein können. Vielmehr geht es auch hier um die Relevanz der verschiedenen Faktoren für die Leistungerbringung.

Der AVEM geht davon aus, dass die beobachteten Kriterien sowohl durch die Persönlichkeit wie auch durch das Umfeld mit beeinflusst werden. Dieser systemische Approach, der die Interaktion zwischen Person und Umfeld offen legt, ist auch für das Thema Leistungsoptimierung interessant. Folgende 11 Kriterien werden im AVEM erfasst:

Wie stark ist der innere Antrieb?
- Subjektive Bedeutsamkeit der Arbeit
- Beruflicher Ehrgeiz
- Verausgabungsbereitschaft
- Perfektionsstreben

Wie gehe ich mit Schwierigkeiten um?
- Distanzierungsfähigkeit
- Resignationstendenz bei Misserfolg
- Offensive Problembewältigung

Wie geht es mir in der aktuellen Situation?
- Innere Ruhe und Ausgeglichenheit
- Erfolgserleben im Beruf
- Lebenszufriedenheit
- Erleben sozialer Unterstützung

Die nachfolgende Aufteilung in drei Gruppen macht klar, wie ich die Kriterien in der Verarbeitung oft verwende.

- *Gruppe 1 (Innerer Antrieb):*
  Sie ermöglicht es, die „inneren Voraussetzungen“ auf den Punkt zu bringen. Grundsätzlich ist es im Performance Coaching wünschenswert, wenn die Werte der vier Kriterien hoch sind, doch besteht bei Extremwerten auch die Gefahr des „Zuviel“. Ich verbinde diese Diskussion übrigens gerne mit dem Tool „Einstellungs-Benchmarking“.

- *Gruppe 2 (Umgang mit Schwierigkeiten):*
  Sie gibt Hinweise darauf, ob ich mich auf meinem Weg in Richtung Top-Performance leicht vom Weg abbringen lasse oder nicht. Offensive Problembewältigung kombiniert mit geringer Resignationstendenz und hoher Distanzierungsfähigkeit wären hier ein ideales Paket.

- *Gruppe 3 (Aktuelles Wohlbefinden):*
  Sie kann als direkte Folge der beiden ersten Gruppen gesehen werden (wenn alles stimmt, dann geht es mir auch gut), lässt aber auch Rückschlüsse auf das Umfeld zu.

Die Diskussion über die verschiedenen Einzelkriterien und Gruppen sowie über allfällige Zusammenhänge kann natürlich nur der Anfang sein. Auch wenn der Klient den Fragebogen vor dem Coaching-Gespräch ausgefüllt hat und die Auswertung vorliegt, braucht es genügend Zeit, um die Bedeutung der Ergebnisse, die Konsequenzen und die daraus abzuleitenden Aktionen zu erarbeiten.

5.2.4.2. LMI

Das Leistungsmotivations-Inventar LMI basiert auf einer Kombination verschiedener Motivationstheorien. Es liefert vielfältige Informationen über unser Funktionieren im beruflichen Kontext. Rein inhaltlich ist das LMI eine gute Ergänzung zum AVEM und misst folgende 17 Kriterien:

Zielsetzung	Zukunfts- und zielorientiertes Handeln
Engagement	Persönliche Bereitschaft zur Anstrengung
Leistungsstolz	Positives Selbstwertgefühl nach Erfolgen
Lernbereitschaft	Wille zur Weiterentwicklung
Flow	Entspannte Fokussiertheit auf die Aufgabe
Anstrengung	Schwierigkeits-Bewältigung durch Anstrengung
Schwierigkeitspräferenz	Bevorzugung anspruchsvoller Aufgaben
Erfolgszuversicht	Erwartung, Aufgaben erfolgreich zu meistern
Dominanz	Bestreben, Einfluss auszuüben
Furchtlosigkeit	Geringe Angst vor Versagen und Kritik
Selbständigkeit	Eigenverantwortliches, eigenständiges Handeln
Flexibilität	Bereitschaft Neues anzupacken
Selbstkontrolle	Organisierte Arbeitsweise ohne Aufschieben
Internalität	Erfolge der eigenen Person zuschreiben
Beharrlichkeit	Ausdauernder, zielgerichteter Kräfteeinsatz
Statusorientierung	Bestreben, Geltung zu erlangen
Wettbewerbsorientierung	Bereitschaft zu konkurrieren (besser sein)

Das LMI bietet sich vor allem an, um ausgewählte Kriterien zu diskutieren. Dafür sind z.B. die Erfolgszuversicht oder die Schwierigkeitspräferenz geeignet (siehe „Leistung und Motivation"). Dominanz, Status- und Wettbewerbsorientierung können als Ausgangspunkt für Gespräche über die Rolle im Team dienen. Für viele Klienten ist es aber auch interessant, wenn die Zusammenhänge zwischen den einzelnen Kriterien erkennbar werden, wie z.B. Zielsetzung – Engagement – Beharrlichkeit (siehe „Leistung und Motivation"). So werden aus Schlagworten

Inhalte mit praktischer Relevanz. In einigen Fällen verlangt dies vom Coach aber ein gewisses Basiswissen bezüglich wichtiger aktueller Motivationstheorien.

5.2.4.3. Zusammenfassung Psychologische Tests

Tests sind zeitlich aufwendig, aber nützlich. Mir ist es deshalb wichtig, sie sehr gezielt einzusetzen. Im Performance Coaching verwende ich momentan nur die beiden erwähnten Tests, lasse breiter abgestützte Verfahren (z.B. Persönlichkeits-Fragebogen) bewusst weg. Die wichtigste Phase bei der Arbeit mit Tests ist für mich die Diskussion über mögliche Interpretationen. Ich präsentiere dabei zwar die zum Test gehörende, wissenschaftlich fundierte Auswertung und erkläre auch, wie die Resultate zustande kommen, welche Interpretationen möglich und welche heikel sind usw. – ein wenig praxisorientierte Testtheorie wertet die Arbeit mit dem Test an dieser Stelle klar auf. Zusätzlich ist es in den meisten Fällen nötig, die im Test verwendeten Begriffe zu klären, denn nicht jeder hat ein klares Bild darüber, was z.B. Schwierigkeitspräferenz (LMI) oder Distanzierungsfähigkeit (AVEM) bedeuten.

Als Ergänzung kann vor der offiziellen Besprechung der Resultate eine Selbsteinschätzung durch den Klienten gemacht werden. Das Gespräch über die Parallelen und Unterschiede der beiden „Sichtweisen" sowie die Verbindung der Resultate mit dem Alltagserleben des Klienten kann zu intensiven Gesprächen führen. Kurz: Tests sind im Performance Coaching ein nützliches Hilfsmittel, das viele wertvolle Reflexionen und Ansatzpunkte für Gespräche bietet.

5.3. Tools für das Coaching auf Organisationsebene

5.3.1. Einleitung

Wir haben bereits im Kapitel „Performance Coaching" gesehen, dass es beim Performance Coaching in Organisationen vielfältige Ansatzpunkte und Vorgehensweisen gibt. Dies heisst auch, dass es kein eng umschriebenes Repertoire an Werkzeugen gibt. Vielmehr lässt sich sagen, dass der Performance Coach verschiedene Rollen einnehmen und verschiedene Vorgehensweisen (nicht „nur" Coaching) wählen kann.

Dennoch will ich hier sechs Tools aufführen, welche wichtige Spezifitäten eines Performance Coachings abbilden: Die Berücksichtigung der Ebenen Leistungsoptimierung, -stabilität und -absicherung, der angestrebte Leistungslevel resp. die entsprechenden Top-Ergebnisse sowie die Fokussierung auf Themen aus dem Bereich Leistung.

5.3.2. Arbeit an der Qualität

Zwar will ich den TQM-Spezialisten nicht ins Handwerk pfuschen, aber nicht immer ist ja in einem Unternehmen eine so breit und systematisch angelegte Intervention gewünscht. Das Performance Coaching-Quality-Tool bringt ein paar wichtige Aspekte der Qualitätsoptimierung auf den Punkt. Es bietet die Möglichkeit, einen relativ einfachen und doch breit abgestützten Verbesserungsprozess in Gang zu setzen. Wie im Qualitätsmanagement üblich werden dabei mehrere Dimensionen berücksichtigt und der Prozess auf der inhaltlichen Ebene durch die Mitarbeitenden (Betroffenen) bestritten.

Ich nenne dieses Tool den kleinen Bruder der 7M-Methode. Diese beinhaltet sieben Faktoren, welche im Rahmen des Verbesserungsprozesses immer wieder berücksichtigt werden müssen: Mensch, Maschine, Material, Methode, Mitwelt, Management und Messbarkeit. Meine Variante lehnt demgegenüber an das Modell mit den verschiedenen Einflussfaktoren an, welche im Abschnitt „Sportliche Leistung" thematisiert wurden. Das daraus entstandene Tool heisst 2MUP und bildet folgende Faktoren ab: Management, Mitarbeitende, Umfeld und Prozesse.

Dieses Modell hat u.a. den Vorteil, dass die verschiedenen Hierarchieebenen zum Tragen kommen und dass sowohl weiche wie auch harte Faktoren berücksichtigt werden. Für eine vertiefte Bearbeitung lässt sich das Tool zudem mit Leichtigkeit weiter ausbauen, wobei konsequent auf einfachen, auch im Alltag verwendeten Prinzipien und der firmenintern verwendeten Terminologie (z.B. interne und externe Kunden) aufgebaut werden sollte. Das Thema „Prozesse" soll dies dokumentieren:

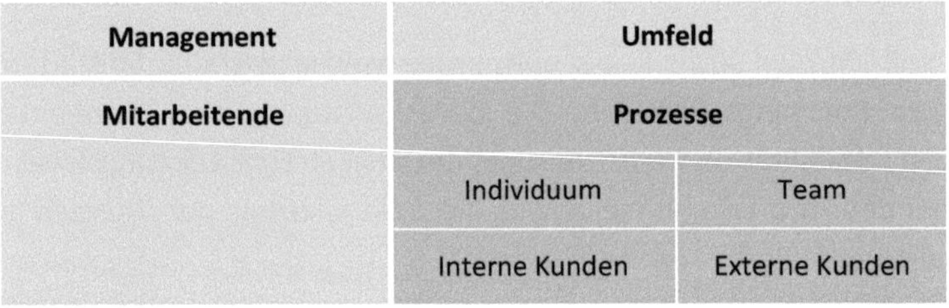

Management	**Umfeld**	
Mitarbeitende	**Prozesse**	
	Individuum	Team
	Interne Kunden	Externe Kunden

Ich verbinde dieses Tool gerne mit dem vielleicht einfachsten alltäglichen Optimierungs-Tool, ich nenne es Plus – Minus – Konsequenzen, bei welchem nach der Auflistung der gut und schlecht funktionierenden Aspekte zu jedem Minus mindestens eine Konsequenz formuliert wird. Die Aufgabe ist es also, die Minus lösungs- und handlungsorientiert „wegzuarbeiten". Ist die Liste erstellt liegt der Fokus konsequent bei der Umsetzung.

5.3.3. Arbeit am Anspruchsniveau

Das Anspruchsniveau ist eine leistungsbezogene Grösse, welche die verschiedenen Erwartungen, Zielsetzungen und Ansprüche zusammenfasst. Ein wichtiger Teilaspekt ist, dass die Ansprüche selbst gesetzt werden, aber auch durch die Kultur und durch schichtspezifische Standards beeinflusst werden. Das Anspruchsniveau einer Unternehmung besteht aus der Summe der Ansprüche der einzelnen Mitarbeiter und Kader.

Welche Erwartungen, Zielsetzungen und Ansprüche herrschen, lässt sich gut mit einer Kombination der Open Space-Methode mit Elementen des lösungsorientierten Coachings evaluieren. Folgende vier Phasen finden statt:

- Phase 1: Open Space
- Phase 2: I have a dream
- Phase 3: Erkennbare Vorboten
- Phase 4: Seven steps to go

Wie sieht das Vorgehen konkret aus? In Phase eins werden zuerst in Gruppen vier Workshops durchgeführt, in welchen die Beteiligten vier Themen bearbeiten. Jeder arbeitet mit, wo er sich einbringen kann und will. Es sind nur die Oberthemen vorgegeben, es gibt keine konkreten Fragestellungen. Die Aufgabe ist es jedoch, nach einer bestimmten Zeit eine kurze Präsentation der Ergebnisse zu machen. Diese werden anschliessend konsolidiert und in einem kleinen Workbook zusammengefasst. Folgende vier Themen bieten sich an:

Eigene Leistungsansprüche	**Ansprüche des Umfeld**
Ansprüche der Vorgesetzten	**Ansprüche der Kunden**

In Phase zwei wird von der klassischen Open Space-Methode zu einem Vorgehen aus der lösungsorientierten Kurzzeitberatung gewechselt. Analog der Wunder-Frage und/oder bezugnehmend auf die berühmte Rede von Martin Luther King, welche das Statement „I have a dream…“ populär machte, werden die Wünsche und Träume bezogen auf die Anspruchsthematik formuliert. Diese Phase darf gern kreativ und interaktiv sein.

In Phase drei wird nach vorhandenen Vorboten gefragt: Wo gibt es schon gute Anzeichen für passende Ansprüche? Wo/wie zeigt sich das? Welche Ressourcen sind bereits vorhanden?

In der letzten Phase werden schliesslich die ersten Schritte definiert. Nach einem längeren und fundierten thematischen Prozess scheint mir aber der Output zu gering zu sein, wenn ausschliesslich auf den ersten zu gehenden Schritt fokussiert wird. Um die Quantität in Grenzen und die Handhabbarkeit hoch zu halten, können „seven steps" eine passende Grösse sein.

5.3.4. Arbeit an der Zielhöhe

Bevor ich das Tool Weltrekordflut beschreibe, will ich noch einen Querverweis auf ein Tool machen, welches wir im Kapitel „individuelle Tools" besprochen haben: das Zielhöhentool. Es lässt sich im Team folgendermassen einsetzen:

- Eine einzelne Person löst die Turmbauaufgabe vor dem Rest der Gruppe. Zeit: 2 Minuten.
- Nach kurzer Reflexion mit dem Turmbauer betreffend seine Zufriedenheit mit dem Resultat wird der Turm gemessen (Höhe).
- Anschliessend wird die Gruppe befragt, wie hoch mit dem noch vorhandenen Material (Klötze) der Turm wohl gebaut werden könnte (z.B. in 30 Minuten). Die gemessene Höhe wird als Referenzwert genommen. Wichtig: Jeder schreibt für sich auf (keine Diskussion). Erfahrungswert: Die Werte schwanken zwischen nur ganz knapp über Referenzwert und exorbitant hoch.
- Anschliessend nennt der Coach das bisher beste/höchste Ergebnis. Die genannten Erwartungen und die Realität werden dann diskutiert.

Nun aber zum neuen Vorschlag, dem Tool Weltrekordflut, welches übrigens auch gut im Anschluss an das Zielhöhentool verwendet werden kann. Die Weltrekordflut braucht eine gewisse Vorbereitung durch den Coach, muss dieser doch ein paar spezielle Guinnessbuch-Weltrekorde heraussuchen. Diese sollten wenn möglich eine gewisse Nachvollziehbarkeit haben (was bei Liegestützen für die meisten Menschen gegeben ist, bei Extremsport-Rekorden hingegen weniger). Auch sollten die Rekorde eine möglichst positive Tönung haben, was Bestleistungen im Bereich Nahrungsaufnahme (Weisswurst-Essen usw.) ausschliesst.

Zuerst lässt der Coach die Anwesenden z.B. zehn Liegestütze machen und verbindet dies dann mit der Frage nach dem Rekord in 1 oder 24 Stunden. Meist sind die Personen gerade bei den länger dauernden Bestleistungen meilenweit von den realen Rekorden weg. Direkt anschliessend werden zwei, drei weitere Rekorde ausprobiert, diskutiert – anschliessend wird das Thema auf die eigenen Möglichkeiten in Change-Projekten oder bei Optimierungs-Prozessen gelenkt. Die Erfahrung zeigt: Die Stimmung ist extrem offen, die Grenzen sind nach oben verschoben, es scheint fast alles möglich zu sein. Wenig Aufwand, grosse Wirkung.

5.3.5. Arbeit an der positiven Energie

In vielen Unternehmungen herrscht gerade in Druckphasen, in Reorganisations- und Change-Prozessen aber auch im Alltag eine negative Dynamik und Kommunikationskultur. Dies zeigt sich nicht nur in Pausengesprächen (mehr negative als positive Stories, mehr Frust als Freude, mehr Kritik als Lob), sondern auch in Meetings (Ja, aber...-Kultur). Diese trägt oft dazu bei, dass die Stimmung nie so richtig aus dem Tief kommt, dass Projekte nur mühsam anlaufen oder dass Meetings als wenig konstruktiv wahrgenommen werden.

Das Tool „Positive Energie“ kann hier Abhilfe schaffen, und zwar auf unterschiedliche Art und Weise. Ich beschreibe hier eine Variante, welche sich gut in Gruppen von 6-15 Personen anwenden lässt (Zielgruppe Mitarbeitende).

Zuerst einmal sollen die negativen Muster bewusst werden, was durch „Selbstdeklaration“ oder auch auf spielerische Weise als Klagemauer gemacht werden kann. An der Klagemauer können kleine Zettel mit Wünschen deponiert werden, was nicht mehr vorkommen soll. Der Coach kann dazu Stichworte liefern wie z.B. „Welche Klagen ich immer wieder höre“ oder „Worüber die Leute immer wieder motzen“. Natürlich werden diese negativen Beispiele nicht adressiert, dienen lediglich der Gewinnung von Beispielen – und zu einem nicht zu unterschätzenden Teil auch dem Loswerden von Frust auf eine sozial verträgliche Art und Weise.

In der nächsten Phase werden die Zettel durch die Gruppe geordnet (gut eignet sich dazu eine Pinnwand), so dass sowohl Quantitäten wie auch Themenbereiche klar werden. Anschliessend gibt es mindestens drei Varianten, um den Prozess weiterzuführen:

- *Klassisch:*
  Zielzustand – Handlungsvarianten – Bewertung – Entscheid – Aktionsplan.
- *Kreativ:*
  Teams erarbeiten für die häufigsten Situationen einen kreativen Reminder (Bild/Text) mit drei bis fünf Tipps. Dieser soll zwar inhaltliche Substanz aufweisen, darf/soll aber auch witzig/PR-mässig/ungewöhnlich sein.
- *Regulierend:*
  Ausarbeitung einer No-Go-Liste und eventuell sogar eines Bussenkatalogs (z.B. fünf Euro, wenn ich in der Kaffeepause über andere lästere). Der Ertrag der Bussenkasse kann für einen Teamanlass oder für karitative Zwecke eingesetzt werden.

Hinweis: Ganz egal wie Sie das Tool nutzen, es kann immer nur Startpunkt für eine längerfristige Thematik sein, denn Kommunikationsmuster lassen sich bekanntlich nicht so leicht ändern. Also: dranbleiben.

5.3.6. Arbeit am Spirit

Dieses Tool ist eine gute Ergänzung zum soeben diskutierten und kann ideal für die nachhaltige Umsetzung genutzt werden. Es definiert vier Phasen, die bei der Kreation eines positiven Spirits (Dynamik/Stimmung) hilfreich sind. In der hier beschriebenen Form ist es für die Anwendung mit Mitarbeitenden und unteren Kadern gedacht. Zuerst muss aber einmal geklärt werden, was eine positive Stimmung ausmacht. Dies kann gut durch einfache spielerische Aufgaben initiiert werden, in welchen die Anwesenden z.B. die Aufgabe haben, ein paar Luftballone drei Minuten lang nicht auf den Boden fallen zu lassen, was mit jedem zusätzlichen Ballon schwieriger wird. Gut ist, wenn die Übungen einfach sind, wenn alle Personen mitmachen können und müssen (damit es klappt) und wenn die Zeitdauer nicht zu lang ist. Es soll einfach kurze Zeit eine lockere, positive Stimmung entstehen.

Im Anschluss an die spielerische Aufgabe wird erfasst, wie der Spirit, die Stimmung, das Feeling war. Dabei werden negative Statements sinnvollerweise nicht berücksichtigt. Danach beginnt eine kleine Reise im Raum mit drei

Stationen, bei welchen die Gruppe sich miteinander von Station zu Station (jeweils 1 Flipchart o.ä.) bewegt:

- *Station 1: Den Rahmen schaffen und das Feuer anzünden*
  Was braucht es noch, damit ein guter Spirit herrscht?
  Wer kann was beitragen?
  Wie könnte das Feuer gestartet werden?
- *Station 2: Feuerstelle anzünden*
  Ein kleiner Event zum Start (gemäss Phase 1)
- *Station 3: Regelmässig Holz nachlegen und Nachschub sicherstellen*
  Was braucht es, damit das Feuer lange brennt?
  Wer sollte was machen?
  Was sollte vermieden werden?

Dieses Tool hat deutliche Parallelen zum gesamten Leistungsoptimierungs-Zyklus (Planung/Leistungsoptimierung/-stabilisierung/-absicherung) und passt deshalb sehr gut in einen Aufbauprozess.

5.3.7. Arbeit an der Leistungskultur

Eine Leistungskultur, und noch viel mehr eine Spitzen- oder Höchstleistungskultur, sind wie bereits mehrfach besprochen ambivalente Gebilde. Da hinter der Kultur stets eine bestimmte Denkhaltung steckt und im Performance Coaching weder eine Ellbogen- noch eine „Leistung um jeden Preis"-Kultur gefördert werden soll, sind Kulturentwicklungs- auch Denkhaltungsprozesse. Um die Leistungskultur in einem Unternehmen zu reflektieren und zu optimieren, soll auch in diesem letzten Tool eine Struktur benutzt werden. Diese integriert die Kombination von Leistungsförderung, -stabilisierung und -absicherung, diesmal bildlich in einer Art Zielscheibe dargestellt. Im Zentrum steht die Topleistung, der nächste Kreis ist die Optimierung, der dritte die Stabilität und der äusserste die Absicherung.

Diese „Zielscheibe" wird dann mit Inhalten gefüllt, und zwar in Phase 1 mit einer Moderation, welche auf einem spezifischen Fragenkatalog basiert.

- Was macht unsere Leistungskultur aus?
- Was soll uns diese Leistungskultur bringen (z.B. Erfolg)?
- Was wollen wir geniessen (z.B. positive Energie)?
- Was wollen wir vermeiden (z.B. Burnout)?
- Welche ergänzenden Werte wollen wir berücksichtigen (z.B. Fairplay)?

Die Anwesenden schreiben ihre Ideen jeweils auf Moderationskarten und stecken diese am passenden Platz auf die Leistungskultur-Zielscheibe. Danach erfolgt die Konsolidierung mit dem Ziel, in jedem Feld noch ca. 3 zusammenfassende Karten zu haben (neu schreiben). Danach folgt in Phase 2 die handlungsorientierte Bearbeitung: Wenn wir diese Ziele (darum eignet sich das Bild der Zielscheibe gut) erreichen wollen, was gilt es zu tun? Ab hier ist das Vorgehen identisch mit dem in vielen anderen handlungsorientierten Coachings – Schritt für Schritt vorwärts in Richtung Aktionsplan.

5.3.8. Zusammenfassung Tools für die Arbeit in Organisationen

Die letzten Seiten haben gezeigt: Die Haltung, die Thematik und in etlichen Punkten auch die Vorgehensweise sind beim Performance Coaching in Organisationen demjenigen mit Einzelpersonen eng verwandt. Wenn Spezialisten für Organisations- oder Kulturentwicklung ein „Déjà-vu"-Erlebnis haben und sagen: „So was machen wir auch", dann kann ich damit gut leben. Bei der Intervention auf Ebene Organisation gilt ganz besonders, dass Performance Coaching keine in sich geschlossene oder nach aussen hin abgeschlossene Methode sein will. Es ist einfach die spezifische, professionelle Arbeit in Richtung Leistung (resp. Hoch-/Spitzen-/Höchstleistung) oder wie bereits in einem früheren Kapitel gesagt: Es geht um Leistungen, es wird eine Optimierung angestrebt, diese soll sich auf der Verhaltensebene manifestieren und zu Topergebnissen führen. Auch auf Ebene einer Organisation.

6. PERFORMANCE COACHING FÜR COACHS

6.1. Was muss der Performance Coach mitbringen?

Diese Frage lässt sich einfach und kurz beantworten: Eine hohe Coaching- und eine hohe Performance-Kompetenz. Erstere wird in vielen Coaching-Büchern thematisiert und in Aus- und Weiterbildungen auch vermittelt – was aber ist Performance-Kompetenz? Für mich beinhaltet sie fünf Aspekte:

- Sehr positive Einstellung zur Performance.
- Fundiertes Know-how über Leistung/Leistungsoptimierung.
- Reflektierte eigene Performance-Erfahrung.
- Spezifische Erfahrung in Performance-Projekten.
- Passung zum Gesamtbild der Person/des Coachs.

Jeder einzelne dieser Aspekte ist bedeutungsvoll. Lassen Sie mich deshalb kurz zusammenfassen, was aus meiner Sicht besonders wichtig ist, wenn man als Performance Coach tätig sein will:

- *Einstellung:*
  Nur wer das Thema Leistung/Spitzenleistung mit einer freudvollen, offenen, aktiven Haltung angeht, wird bei seinen Klienten die nötige Vertrauensbasis schaffen können. Die positive Haltung, der Spass an der Spitzenleistung, das ist spürbar. Welche Spitzenleistungen faszinieren Sie? Was bewundern Sie an Topleistern?
- *Know-how:*
  Die in diesem Buch besprochenen Modelle, Konzepte und Tools bilden für mich in vielen Projekten ein zentrales Fundament für die Intervention. Hinter den aufgeführten Grundprinzipien stehen aber Autoren und Theorien, Studien und Beobachtungen, die nur dann auch kompetent angewandt werden können, wenn nicht nur das Oberflächliche bekannt ist. Fundiertes Wissen ist gefragt.

- *Eigenerfahrung:*
  Auch wenn das eigene Beispiel nie im Zentrum stehen soll: Selbst erlebt zu haben, was es braucht um Topleistungen zu erbringen und was für ein tolles Gefühl es ist, erfolgreich ans Ziel zu gelangen, stärkt die Glaubwürdigkeit des Performance Coachs. Wo sind oder waren Sie Spitzenklasse?

- *Projekterfahrung:*
  „Früh übt sich..." passt hier als Motto hin. Es macht wenig Sinn, gleich mit einem Projekt auf Ebene „global player" zu beginnen. Nutzen Sie sich bietende Gelegenheiten, im Ein-Mann-Betrieb oder im Verein Erfahrungen zu sammeln. Und besonders wichtig: Werten Sie diese Erfahrungen systematisch und kritisch aus: Was hat geklappt, was nicht? Was würden Sie wieder, was anders, was nicht mehr machen? Welche Themen wären relevanter gewesen?

- *Passung zum Gesamtbild:*
  Performance Coaching darf im Gesamtauftritt kein Fremdkörper sein. Wer z.B. im klinischen Bereich arbeitet, der wird es schwerer haben, seine Affinität zur Performance-Welt glaubhaft zu machen. Wer hingegen als Executive Coach oder Qualitätsmanager arbeitet, wer Trainings im Führungsbereich, Audits oder Assessment Center anbietet, dem wird die thematische Nähe von der Kundschaft eher zugeschrieben werden.

Wer sich mit diesen fünf Anforderungen intensiv auseinandersetzt, der wird sich als ernst zu nehmenden Anbieter von Performance Coaching positionieren können. Ob diese Wahrnehmung dann aber auch im konkreten Projekt Bestand hat, wird sich ebenso rasch zeigen, wie in den heute weit verbreiteten TV-Casting-Shows. Kompetenz ist sichtbar.

6.2. Performance Coach werden

Die grundlegende Frage ist, ob Performance Coaching eine anerkannte Teil-Disziplin des Coaching-Markts werden wird, oder ob das Know-how von Performance Coachs einfach zum normalen Werkzeugkasten des Coachs gehört. Ich denke, dass beides eintreffen wird: Hoffentlich werden Leistungsthemen bewusster angegangen, mit einem erweiterten theoretischen und praktischen Repertoire. Gleichzeitig glaube ich aber auch, dass es immer Coachs geben wird, denen das Thema Leistung/Spitzenleistung ein besonderes Anliegen sein wird und solche, denen andere Schwerpunkte näher stehen. Genauso wie es immer Hobby- und Spitzenmusiker gab, wird es wohl auch Coaching-Spezialisten geben, welche sich dort wohl fühlen, wo Besonderes entsteht, geleistet oder geboten wird. Und die ihren Beitrag dazu leisten wollen, dass die Entwicklung weiter geht.

Die Aufzählung der fünf Faktoren, die für einen erfolgreichen Performance Coach bedeutungsvoll sind (siehe vorheriger Abschnitt), lässt direkte Schlüsse zu, wie die Weiterbildung zum Performance Coach aussehen kann. Sie wird m.E. bald ein Baustein sein, welcher eine abgeschlossene Coaching-Ausbildung ergänzt. Inhaltlicher Ausgangspunkt dürfte die Reflexion der eigenen Einstellung zur Leistung sowie der eigenen Performance-Erfahrungen sein. Darauf aufbauend sollte ein breites, fundiertes Performance-Know-how aufgebaut werden, welche u.a. die in diesem Buch aufgeführten Formel, Modelle und Konzepte beinhaltet. Als dritter Baustein wird dann die spezifische Intervention stehen, und zwar sowohl auf individueller wie auch auf organisationeller Ebene. Je nachdem, welche Voraussetzungen ein Coach mitbringt, wird dies nur ein kleines Zusatzelement oder eine grundlegende Erweiterung der persönlichen Sichtweisen und Kompetenzen sein.

6.3. Ausblick Performance Coaching in der Coaching-Szene

Eine letzte Frage ist noch zu klären: Wird sich Performance Coaching in den nächsten Jahren im deutschsprachigen Raum als „Coaching in Leistungsfragen" im Markt etablieren? Werden HR-Spezialisten gezielt nach einem Performance Coach suchen, wenn es um Leistungsoptimierung geht? Wird das Bild davon, was ein Performance Coach kann, was er mitbringt und wo er ganz spezifisch nützlich sein kann, klarer werden? Ich denke ja, denn das Thema Leistung nimmt in der Business-Welt an Bedeutung nicht ab-, sondern zu. Der Kostendruck wird durch die fortschreitende Globalisierung eher noch stärker werden, immer mehr Länder bieten hochwertige Dienstleistungen in Top-Qualität an. Die in den letzten Jahrzehnten so erfolgreiche wirtschaftliche Entwicklung in Europa und den USA hat sich bekanntlich abgeschwächt, was den Druck auf die Staaten, die Unternehmen und schlussendlich auch auf den Einzelnen mittelfristig erhöhen dürfte.

Dies gilt für Junge, „mittelalterliche“ und ältere Arbeitnehmer gleichermassen. Während für die Jungen der Leistungsdruck bereits in Schule und beruflicher Ausbildung deutlich zu spüren ist und sich auf den Start in das Berufsleben vielfältig auswirkt, sind die Arbeitnehmer mittleren Alters mit der ständigen technologischen Entwicklung konfrontiert. Sie sind gezwungen, permanent dran zu bleiben, ruhigere Phasen kann sich kaum mehr jemand leisten. Wenn dann noch das Rentenalter um ein paar Jahre nach oben verschoben wird, ist auch Leistungsstabilität kein Schlagwort mehr, sondern eine gesellschaftliche Notwendigkeit.

So könnte sich abzeichnen, dass Leistung, Leistungsoptimierung, -stabilität und -absicherung im Interesse der Arbeitgeber und -nehmer liegen. Wer sich in dieser Konstellation um die präventive Komponente der Leistungsabsicherung kümmert, wird sich noch weisen müssen.

Reto Venzl
Performance Institute GmbH
www.performance-institute.ch

7. Literaturverzeichnis

Bachmann, T., Mäthner, E., Jansen, A. 2003. *Erfolgreiches Coaching. Wirkfaktoren im Einzel-Coaching.* Kröning: Asanger.

Bachmann, T., Mäthner, E., Jansen, A. 2004. *Wirksamkeit von Coaching. Eine empirische Studie mit Coachs und Klienten.* In W. Bungard, B. Koop & C. Liebig (Hg.), Psychologie und Wirtschaft leben. Aktuelle Themen der Wirtschaftspsychologie in Forschung und Praxis (S. 226 - 237). München: Rainer Hampp Verlag , 2004.

Berckhan, B. 2002. *Schluss mit der Anstrengung.* München: Kösel.

Binner, H.F. 2006. *Auf dem Weg zur Spitzenleistung – Management-Leitfaden für die EFQM-Modellumsetzung.* München: Hanser.

Bowman, C. and Asch, D. 1987. *Strategic Management. Macimillan,* p. 219; zitiert in Christopher Mabey and Derek S. Pugh 1999. *Strategies for Managing Complex Change.* Milton Keynes: The Open University, 1987.

Bose, D., Martens-Schmid, K., Schuchardt-Hain, Ch. 2003. *Führungskräfte im Gespräch über Coaching. Eine empirische Studie.* [Buchverf.] K. Martens-Schmid. *Coaching als Beratungssystem. Grundlagen, Konzepte, Methoden.* Heidelberg: Economica, 2003, S. 1-54.

Bowles, S., Cunningham, Ch., De La Rosa, G. & Picano, J. 2007. *Coaching leaders in middle and executive management: goals, performance, buy-in .* Georgetown: Leadership & Organisation Develoment Journal, 2007, S. 388-408.

Braun, R. et al. 2004. *Die Coaching-Fibel: vom Ratgeber zum High-Performance-Coach.* Wien: Linde.

Buer, F. u. Schmidt-Lellek, C. 2008. *Life Coaching.* Göttingen: Vandenhoek & Ruprecht.

Carter, L. 2001. *Best practices in organization development and change. Culture, leadership, retention, performance, coaching: case studies, tools, models, research.* San Francisco: Calif Jossey-Bass/Pfeiffer, 2001.

Cobaugh H. und Schwertfeger, S. 2005. *Work-Life-Balance.* Frankfurt: MVG.

Coe, C., Zehnder, A., & Kinlaw, D.C. 2008. *Coaching for commitment : achieving superior performance from individuals and teams.* San Francisco: Pfeiffer, 3. Ausg. 2008.

Covey, S.R. 2000. *Die sieben Wege zur Effektivität.* München: Heyne.

Csikszentmihalyi, M. 1999. *Flow im Job.* München: BLV.

De Jong, P. und Kim Berg, I. 2003. *Lösungen erfinden.* Rhaden: VML.

Dilts, B.D. 2005. *Professionelles Coaching mit NLP.* Paderborn: Junfermann.

Dorfmann, H.D. 2003. *Coaching the mental game: leadership philosophies and strategies for peak performance in sports, and everyday life.* Lanham: National Book Network , 2003.

Draksal, M. 2005. *Psychologie der Höchstleistung.* Leipzig: Draksal.

Eberspächer, H. 2009. *Ressource Ich. Stressmanagement in Beruf und Alltag.* München: Hanser, 3. Aufl.

Eberspächer, H. 2011. *Gut sein, wenn's drauf ankommt.* München: Hanser, 3. Aufl.

Ecknauer, C., Schild, F. 2001. Diplomarbeit. *Leistungsoptimierung in der Arbeitswelt.* Zürich: Eidgenössische Technische Hochschule Zürich, Departement Angewandte Biowissenschaften, 2001.

Fahrni, F. 2002. *Erfolgreiches Benchmarking in Forschung und Entwicklung, Beschaffung und Logistik.* München/ Wien: Carl Hanser Verlag.

Fiedler, C. 2009. *Stressmanagement – so beugen Sie dem Burnout vor.* München: Beck.

Fischer-Epe 2002. *Coaching – miteinander Ziele erreichen.* Berlin: Rowohlt.

Flad, P. O. 2001. *Dienstleistungsmanagement in der Gastronomie und Foodservice-Industrie. Prozessmanagement als Ansatz zur Leistungsoptimierung.* Frankfurt a.M.: Deutscher Fachverlag.

Flaherty 1998. *Coaching – evoking Excellence in others.* Burlington: Elsevier.

Fournies, F. F. 2000. *Coaching for improved work performance.* New York: McGraw-Hill.

Friedman, M. 2005. *Leistungsoptimierung.* Unterschleissheim: Microsoft Press.

Gerber, R. 2003. *Zielsetzung und Sinngebung.* Norderstedt: BoD.

Grant, A.M. 2003. *The impact of life coaching on goal attaintment, metacognition and mental haealth.* Social Behavior and Personality, *31(3).* 2003, S. 253-264.

Hargens, J. 2004. *Aller Anfang ist ein Anfang.* Göttingen: Vandenhoek & Ruprecht.

Hargens, J. 2007. *Werkstattbuch Systemisches Coaching.* Dortmund: Borgmann.

Hedderich, I. 2009. *Burnout – Ursachen, Formen und Auswege.* München: Beck.

Hillert, A. & Marwitz, M. 2006. *Die Burnout-Epidemie. Oder: brennt die Leistungsgesellschaft aus? München:* Beck.

Holterbernd & Kochanek 1999. *Coaching – 10 Schritte der erfolgreichen Management-Begleitung.* Köln: Wirtschaftsverlag Bachem.

Hübner, T. 2006. *Die Kunst der Auszeit* . Zürich: Orell Füssli.

Innerhofer et al. 1999. *Leadership-Coaching . Führen durch Analyse, Zielvereinbarung und Feedback.* München: Luchterhand.

Jäger, R. 2001. *Praxisbuch Coaching.* Offenbach: Gabal.

Jäger, R. 2009. *Ausgekuschelt.* Zürich: Orell Füssli Verlag AG.

Jöns, I. & Bungard, W. 2005. *Feedbackinstrumente im Unternehmen – Grundlagen, Gestaltungshinweise, Erfahrungsberichte.* Wiesbaden: Gabler.

Jüster, M. 2003. *Coaching – Performanceorientierung und Managererwartung*. In: Organisationsberatung, Supervision, Coaching. Berlin: Springer.

Kaluza, G. 2007. *Gelassen und sicher im Stress.* Berlin: Springer, 2007.

Kaminske, G.F. 2000. *Der Weg zur Spitze; Business Excellence durch Total Quality Management – der Leitfaden.* München: Hanser.

Katzenbach, J.R.,Smith, D.K. 2003. *Teams: der Schlüssel zur Hochleistungsorganisation.* Frankfurt: Wirtschaftsverlag Carl Ueberreuter.

Kernen, H. 2005. *Arbeit als Ressource*. Bern: Haupt.

Kirch, D. 2009. *Handbuch Stressbewältigung.* Murnau: Mankau.

Koch, A. & Kühn, S. 2005. *Ausgepowert?* Offenbach: Gabal.

Konnerth, T. 2001. *Leben kann so einfach sein.* Paderborn: Junfermann.

Küstenmacher, T. 2002. *Simplify your life.* Frankfurt: Campus.

Langdon, D., Whiteside, K. & McKenna, M. 1999. *Intervention resource guide : 50 performance improvement tools.* San Francisco: Jossey-Bass/Pfeiffer, 1999.

Langen, D. 1999. *Autogenes Training.* München: Gräfe und Unzer.

Lasko, W. 1998. *Personal Power – Mut zum Handeln.* München: Goldmann.

Lenz, A. 2002. *Empowerment.* Tübingen: Dgvt.

Leyk, D. et al 2008. *Körperliche Leistungsfähigkeit und Trainierbarkeit im mittleren und höheren Lebensalter.* Ärztekammer Schleswig-Holstein. Schleswig-Holsteinisches Ärzteblatt.

Loehr, James 1994. *Die neue Mentale Stärke.* München: BLV.

Malik, F. 2006. *Führen, leisten, leben.* Frankfurt: Campus.

Martens, J.-U. 2009. *Einstellungen erkennen, beeinflussen und nachhaltig verändern. Von der Kunst, das Leben aktiv zu gestalten.* Stuttgart: Kohlhammer.

McLeod, A. 2003. *Performance coaching: the handbook for managers, H.R. professionals and coaches.* Wales: Carmarthen.

McLeod, A., Will, T. 2010. *Performance coaching toolkit.* New York: Open University Press.

McMahon, G. and Leimon A. 2008. *Performance Coaching for Dummies.* Chichester: John Wiley & Sons, Ltd.

Meyer, T. 2011. *Sportpsychologie.* Die 100 Prinzipien. Heimstetten: Neuberger & Schaumann.

Mink, O.G., Owen, K. Q. & Mink, B. P. 1993. *Developing high-performance people: the art of coaching.* Reading: Mass. Addison-Wesley.

Model, D. 1991. *Sport als Denk- und Handlungsmodell für die Leistungsoptimierung im Management.* St. Gallen: Diss. Hochschule St. Gallen.

Moran, V. 2002. *Das Glück der kleinen Dinge.* München: Mosaik.

Müller, G. und Hoffmann, K. 2008. *Systemisches Coaching.* Heidelberg: Carl Auer.

Münchhausen, M. 2002. *So zähmen Sie Ihren Inneren Schweinehund.* Frankfurt: Campus.

Münchhausen, M. 2003. *Die kleinen Saboteure.* Frankfurt: Campus.

Münchhausen, M. 2006. *Wo die Seele auftankt.* München: Goldmann.

Neale, S. Spencer-Arnell, L. & Wilson, L. 2009. *Emotional intelligence coaching: improving performance for leaders, coaches and the individual.* London: Kogan Page.

Popp, M. 1996. *Coaching für die Praxis.* Frankfurt am Main: Campus Verlag , 3. Aufl.

Rauen, C. 1999. *Coaching.* Göttingen: Verlag für Angewandte Psychologie.

Rauen, C. 2004. *Coaching-Tools.* Bonn: ManagerSeminare GmbH.

Rauen, C. 2009. *Coaching-Tools II.* Bonn: ManagerSeminare GmbH, 2. Auflage.

Rieger, B. 1999. *Der Spassfaktor.* Offenbach: Gabal.

Spencer-Arnell, L. 2011. *Emotional intelligence coaching : improving performance for leaders, coaches and the individual.* London: Kogan Page.

Rückerl, T. & Rückerl T. 2008. *Coaching mit NLP-Werkzeugen.* Weinheim: Wiley.

Rückle 2001. *Coaching.* Landsberg: Moderne Industrie GmbH.

Rudolph, H. 1999. *Commitment statt Kommando.* Berlin: Edition Sigma.

Schaarschmidt, U., Fischer, A. 2006. *Arbeitsbezogenes Verhaltens- und Erlebensmuster (AVEM).* Frankfurt: Harcourt Test Services GmbH, 3. Aufl.

Schuler, H. 1991. *Beurteilung und Förderung beruflicher Leistung.* Göttingen: Verlag für Angewandte Psychologie.

Schuler, H. & Prochaska, M. 2000. *Das Leistungsmotivationsinventar (LMI). Handanweisung.* Göttingen: Hogrefe.

Seiwert, L. 2001. *Wenn Du es eilig hast, gehe langsam.* Frankfurt: Campus.

Seiwert, L. 2001. *Life-Leadership.* Frankfurt: Campus.

Seiwert, L. & Tracy, B. 2002. *Lifetime-Management.* Offenbach: Gabal.

Seiwert, L. 2005. *Balance your life.* München: Piper.

Sieck, J.R. 2004. *Work Life Balance.* Bindlach: Gondrom.

Siebert, G., Kempf, S. 2002. *Benchmarking.* München. Wien: Hanser Wirtschaft.

Sprenger, R. 2002. *Vertrauen führt.* Frankfurt: Campus.

Stehling, W. 2002. *Leadership mit Lust und Leistung.* Landsberg: Moderne Industrie GmbH.

Steiner, V. 2005. *Energie-Kompetenz.* München und Zürich: Pendo.

Stollreiter, M. & Völgyfy, J. 2001. *Selbstdisziplin.* Offenbach: Gabal , 2001.

Sutter, C. & Mazzarelli, M. 2002. *Ueberzeugen durch Persönlichkeit: ein Leitfaden zur persönlichkeitsorientierten Leistungsoptimierung.* Zürich: Diplomarbeit: Eidgenössische Technische Hochschule Zürich, Institut für Bewegungs- und Sportwissenschaften.

Tracy, B. 2001. *Thinking Big.* Offenbach: Gabal.

Tracy, B. 2002. *Eat that frog.* Offenbach: Gabal.

Tschannen-Moran, B. 2009. *Skills and performance coaching.* [Buchverf.] E. Cox. *The complete handbook of coaching.* London: Sage.

Unger, H.-P. & Kleinschmidt, C. 2007. *Bevor der Job krank macht.* München: Kösel, 2. Aufl..

Venzl, R. 2010. *Höher, schneller, weiter? Das Thema Leistung im Coaching.* Coaching Magazin. Goldenstedt: Christopher Rauen GmbH.

Venzl, R. 2011. *Auf der Suche nach Spitzenleistung.* Coaching Magazin. Goldenstedt: Christopher Rauen GmbH.

Vogelauer, W. 2001. *Methoden-ABC im Coaching. Praktisches Handwerkszeug für den erfolgreichen Coach .* Neuwied: Luchterhand , 2. Aufl.

Vogelauer, W. 2005. *Coaching-Praxis.* Neuwied: Luchterhand.

Weibel, R. 2004. *Stress-Management.* HRM-Dossier.

Weisner, J. 2001. *Job & Joy.* München: Econ.

Wetzel, J. 2011. *GOLD . Mental stark zur Bestleistung.* Zürich: Orell Füssli Verlag AG, 3. Aufl.

Whitmore, J. 2006. *Coaching für die Praxis: Wesentliches für jede Führungskraft.* Staufen: Allesimfluss.

Whitmore, J. 2009. *Coaching for Performance.* London/Boston: Nicholas Brealey Publ.

Wildenmann, B. 2003. *Durch Coaching zu High Performance.* Neuwied: Luchterhand.

Williams, J. M. 2005. *Applied sport psychology: personal growth to peak performance.* New York: McGraw-Hill.

Wilson, C. 2011. *Best practice in performance coaching: a handbook for leaders, coaches, HR professionals and organizations.* London: Kogan Page.

Zäh, M.F. 2003. *Marktchance Individualisierung.* Berlin: Springer.

Zellweger, H. 2004. *Leadership by Soft Skills.* Wiesbaden: Gabler.

Zerlauth, T. 2000. *Sport im State of Excellence. Paderborn*: Junfermann, 2. Aufl.

Züger, R.-M. 2005. *Selbst-Management.* Zürich: Compendio.

yes
i want morebooks!

Buy your books fast and straightforward online - at one of world's fastest growing online book stores! Environmentally sound due to Print-on-Demand technologies.

Buy your books online at

www.get-morebooks.com

Kaufen Sie Ihre Bücher schnell und unkompliziert online – auf einer der am schnellsten wachsenden Buchhandelsplattformen weltweit! Dank Print-On-Demand umwelt- und ressourcenschonend produziert.

Bücher schneller online kaufen

www.morebooks.de

VDM Verlagsservicegesellschaft mbH
Heinrich-Böcking-Str. 6-8
D - 66121 Saarbrücken
Telefon: +49 681 3720 174
Telefax: +49 681 3720 1749
info@vdm-vsg.de
www.vdm-vsg.de

Printed by Books on Demand GmbH, Norderstedt / Germany